濟南金石志

卷三

章邱至齊東石

卷三

濟南金石志卷三

金石三

章邱

隋開皇十六年陳黑闥等造像記

大隋開皇十六年歲次甲辰二月甲申朔十一日甲午像主陳黑闥陳法華陳洪雅敬造釋迦像一軀上爲國王帝主刺史縣令師僧父母亡過見在居家眷屬邊地衆生有形之類咸同斯福祭酒從事陳慶遵高陽郡丞濟南郡正陳慶遠等男女十七人又爲君門眷屬門下錄事趙暉等男女三十四人

章邱志云共二石在西采石莊西南前後鐫二像

唐貞觀五年徐州都督房公碑

唐故都督徐州五州諸軍事徐州刺史臨淄房定公碑銘

易稱易之爲書也有天道焉有人道焉故君子居則觀其象動則觀其變知以藏往感而遂通是以進退之數有方存亡之幾有定昔賈生董相懷王佐之才子政子雲抱命世之道並屯邅於世故擯厭於當年軼風電以長鳴絶雲霓而鎩翮而樂天知命順時守道體忠信而夷險阻憑清靜以安悔吝雖逝川寂其浸遠而盛德久而愈新昔也玉質金相求益友於千載蘭芳桂馥想同氣於九原則有之矣緬懷庶幾之道詳觀出處之跡可以追蹤勝業繼踵清塵者其惟都督臨淄定公焉公諱彥謙字孝沖清河人也七世祖諶燕太尉掾隨慕容氏南度寓於齊土宋元嘉中分齊郡之西部置東冀州東清河郡繹幕縣仍爲此

郡縣人至於儁侯又於東廣川郡別立武強縣令子孫居之丹
陵誕聖祥發慶靈虞舜受終光啟侯服導原注壑若寫河漢之
流疎搆干雲邨仰嵩華之峻漢司空植公之十三世祖也積德
固其宗祐純嘏貽其長世公侯之門必復繁衍之祚攸歸高祖
法壽宋大明中州主簿武賁中郎將魏郡太守立功歸魏封莊
武侯使持節龍驤將軍東冀州刺史薨贈前將軍青州刺史謚
儁侯魏書有列傳重價香名馳聲南北宏材秘略兼資文武曾
祖伯祖相州主簿襲爵莊武侯齊郡內史幽州長史仍行州事
衣錦訓俗露冕從戎累仁義而成基處脂膏而不潤祖翼年十
六郡辟功曹州辟主簿襲爵莊武伯宋安太守居繼母憂廬於
墓次世承冢嫡之重門貽旌表之旣鄉閭之敬有過知恥宗族

所尊不嚴而肅父伯熊年廿辟開府行參軍仍行本州清河廣
川二郡太守事風神英邁器量沈遠寢門之內捧檄以慰晨昏
山澤之閒單車以清寇亂公稟元精之和氣體純粹之淑靈心
運天機性與道合溫良恭儉應言行之端神采風尚出儀形之
表博極圖書兼綜遺逸正經義訓特所留懷絕簡研幾下帷覃
思盡探隅隩畢詣精微或致元白之譏非止春秋之僻吉凶禮
制今古異同莫不窮覈根原詳悉指要內外親表遠近學徒負
笈擁帚質疑去惑公凝神虛受函丈無倦聲來響答幽谷對盈
自遷宅齊土家已重世班懿十紀旌旗之盛未多陳完八葉鳴
鳳之祥斯在況復里稱冠蓋庭茂芝蘭行則結駟連騎處則撞
鐘列鼎雖范蠡貨財本輕鄭相陰家僕隸舊比封君不之過也

公閑心閑館以風素自居淸虛味道沈冥寡欲恭敬以撙節退
讓以明禮潛隱之操始揚於州閭高亮之風日聞於海內於是
尋公仰德邦君致禮物色斯辯旌節盈塗郡三辟功曹州再辟
主簿其後不得已而從命公明天人之際述堯舜之道其處也
將委質於衆妙之門栖神不死之地其出也將宏獎名教博利
生民舟楫可期英靈有感州郡之職非其志焉然公以周隋禪
代之交紀綱弛紊亦既從政便以治亂爲懷眷言州壤在情彌
切乃整齊風俗申明獄訟進善黜惡導德齊禮雖在鄉國若處
王朝政教嚴明吏民悅伏見危拯難臨財潔己利物之仁不自
爲德不貪之寶必畏人知開皇初頻詔搜揚人物秦王出至京
洛致書辟詔州縣並苦相敦逼公辭以痼疾且得遂情偃仰其

後隋文帝忌憚英俊不許晦跡邱園公且權維縶方應薦舉七
年始入京省授吏部承奉郎是時齊朝資蔭不復稱敘鼎貴高
門俱從九品釋褐朝廷以公望實之重才藝之優故別有此授
以明則哲之舉俄遷監察御史秉杖節巡省糾逖姦慝以存公
正以變澆風爰轉授秦州總管錄事參軍事漢陽重鎭京輔西
門管轄一方允斯盛選尋以朝集入京與左僕射齊公總論考
課之法黜陟之方齊公對岳牧以下大相歎伏其後具以公言
敷奏仍有升擢之辟然非知己之主竟不能見用左遷許州長
葛縣令公鎭之以淸靜文之以禮樂訟以道息災因德弭百姓
感悅咸不忍欺愛之如慈親爲敬之如神明焉繈負知歸頌聲
載路解代之後吏民追思惠政樹碑頌德在長葛秩未滿以考

績尤異遷郗州司馬此州荆鄧之郊華夷路雜習俗殘獷民情憸詖公化之以仁愛敦之以淳厚朞月之閒咸知遷革尋以州廢解任言歸夜觀星象晝察人事知天地之將閉望冀頓以戴懷乃於蒙山之陰結搆巖穴非唯在乎避世固亦潛以相時然大業之初始班新令妙選賢良爲司隸刺史公首膺斯舉有詔追赴京洛公以朝綱浸以頹壞此職亦是宏濟之一方便起而就徵覽轡登車卽有澂清天下之志於是激濁揚清風馳草偃行能之類望景以聽升遷苛暴之徒承風而解印綬進擢者靡爵不致謝言繩糾者受刑而無怨色自非道在至公信以被物其孰能與於此焉旣而王政陵夷小人道長忠言靡用正士無施大業十一年出爲涇陽縣令未幾而遘疾粤以其年歲次乙

亥五月壬辰朔十五日景午終於官舍春秋六十有九降生一子光輔帝唐叶贊璇機叅調玉燭皇上情深遺烈用佇想於夷門眷言才子便有懷於袁煥貞觀三年十有二月迺下詔曰紀功褒德列代通典崇禮飾終著在方策隋故司隸刺史房彥謙世襲簪纓珪璋特秀溫恭好古明閑治術爰在隋季時屬卷懷未遂通塗奄從運往以忠訓子義垂過庭佐命朝端業隆功茂宜錫以連率光被九原可贈使持節都督徐泗仁譙沂五州諸軍事徐州刺史四年十一月又發詔追封臨淄公食邑一千戸謚曰定公禮也粤以五年歲次辛卯三月庚申朔越二日辛酉安措於本鄉齊州亭山縣趙山之陽惟公風格凝整神理沈邃內懷溫潤外照光景追思儀範暖似文成之圖邈想風猷懷若

相如之氣時逢戰爭術匪從横或恥問仁用安嘉遯收文武之
將墜殊山林而忘反是故銷聲貴里隱異迷邦戢曜高門處非
絶俗優柔六藝紛綸百氏采絶代之闕文總前修之博物雖昔
之明實沈之祟識疏屬之神辯鼮鼠於漢朝彰委蛇於霸業無
以尚也彫蟲小技曾未去懷時有制述將符作者致極宏遠詞
窮典麗足以克諧聲律感召風雲豈唯白雪陽春郢中寡和而
已永惟書契之始乃眷蹏迒之跡草隸之妙冠絶當時爰自幼
年孝友惇至未離繈褓便遭極罰裁有所識諮訪家人發言號
絶不自勝處年十有五出後傍宗深惟鞠養之慈將闕晨昏之
禮辭違之辰感切行路及就養左右不異所生兩門喪紀竝逾
制度哀毁之至聲被朝野兼以期功之慼甘旨未嘗朋友之喪

遠近畢赴人倫之經禮法之隆近古以來未之有也且復留連
宴賞提攜臭味登山臨水必動咏言清風朗月未空樽酒賓幾
滿席且得王公之孫門閥常通時許慈明之御指囷無倦解裘
未已仁義云厚貲產屢空以斯器望窮茲至道謂宜俯拾青紫
增曜台階而止類太邱宏道下邑遽同子產空聞遺愛報施之
理何其爽歟若夫死生者形骸之勞息殀壽者大化之自然固
知命之不憂豈居常而爲累也然行周於物寒暑不能易其心
智周於身變通不能窮其數而靈祇多忍幽明永隔散精氣於
風烟委容質於泉壤可不哀哉於是四方同志之士百里懷音
之客式遵盛烈共勒豐碑百樂爰以疇昔安遊蘭芷盍謂正始
之音一朝長謝師資之德百舍無從義絶賓階哀纏宿草思效

薄技覬申萬一仰惟治身之術立德之基固繫辭可以盡言豈言之而無竟也迺爲銘曰

遐觀方冊歷選人倫名固難假德必有鄰顏閔遺迹曾史芳塵同聲比義允屬通人於鑠通人纂堯胄慶司空規矩民胥攸証地靈貽福天齊分命世祚有徽重光無競顯允君子丕承寵光靈河擢秀日觀含章元門味道幽谷迷方陸沈通德朝隱康莊儀鳳潛靈彫龍振藻宏之在人一變至道昭彰誥訓寂寥元草文質彬彬流瀾浩浩齊物無待隨時吐曜導俗激原訓民居要州將貽喜邦君長嘯乃眷韜鈐還歸魚釣三逕雖阻八紘方密僶俛末班逡巡下秩司憲邑宰循名責實御衆以寬在刑惟恤履斯異行垂此丕基才高位下有志無時和光偶俗誕命膺期鷹揚投賈唯茲在茲樹德不已蹈仁無斁遺搆有憑高明以闢眷言上壽方期永錫載佇太階翻歸厚夕義高表墓道貴揚名式昭文物用紀春榮摘礱故吏制服諸生一刋圓石萬代飛聲

碑側云太子左庶子安平男李百藥撰太子率更令渤海男歐陽詢書貞觀五年三月二日樹

碑側云公之將葬恩旨重疊賵贈優渥特異恒御公及夫人并今所司營造馬轝各給四馬從京師洛陽殯所送至本鄉其車輅儀仗出懷洛二州給船載運迎道人力至於墓所發給錢帛有闕乏者又發勑令以官物修補又文官式令側無鼓角亦特給送至於葬所又於常令給墓夫之外別加三千功及臨葬日復降勑使馳驛祭以少牢前後爲送葬事發勑旨行下十有二

條近代以來恩榮褒贈未有若此者也中外姻戚海內名士并故吏門生千里赴會爰及州里道俗二千餘人

山左金石志云碑文云宋元嘉中分齊郡之西部置東冀州東清河郡繹幕縣仍爲此郡縣人案宋書州郡志文帝元嘉九年分青州立歷城割土置郡縣文帝本紀九年六月分青州置冀州元和郡縣志同皆不載東冀州故志言立歷城即冀州治所也歷城在青州之西又在冀州東故云置東冀州與宋書轉相證明矣此云東清河郡而志有南清河太守當是東字之訛也

金石萃編云按房彥謙卒于隋大業十一年此碑題唐故者以碑立于唐貞觀五年也碑爲李百藥撰歐陽詢書題名在碑側搨者往往失之故金石文字記但引金石錄以爲歐陽詢書實

未見此題名也碑是隸書而考槃餘事格古要論皆以爲眞書則併搨本亦未之見矣齊乘稱此碑近聞村人以打碑之擾毀仆之今觀搨本尚完好可知元時盛行此碑而于氏得之傳聞未嘗細審碑拓也

章邱志云碑陰隸法與碑文一律當即歐書而不更題書名耳

按此碑八分書文三十六行行七十八字碑側題字二行碑陰十五行俱八分書在章邱西南六十里趙山之陽

唐永徽三年清河太夫人碑

司馬仲之文也義徽傾鳳禮茂乘龍齊體齊賢宜家宜室清河縣開國公仁裕弱冠而孤天平地成河清岳動賞尊乎帶礪人居上將出牧名藩聖恩金紫欽賞榮盛貞觀九年授清河太夫

人若夫稟質明敏化以家風豈徒動作女師故亦言成士則始光婦道終擅母儀藉甚朝野流刑內外天慈褒惜飲膳藥物咸資於御其年六月七日薨於長興坊之第時年八十有二永徽三年二月歸祔葬贈公禮也監護賵贈給賜之恩越舊史之所聞優聖朝之故事實由儀範冠圖牒使哀榮紀今古詔大將軍房仁裕母亡喪事所須並宜官給仍令贈布絹各二百段時既盛暑日給氷數石及歸舊域又降勅書曰前左領軍府大將軍房仁裕旣還鄉葬母仍賜米粟各二百石永徽三年歲次壬子二月癸巳朔十五日宗親豪族道俗不遠千里而至者二千餘人十旬恩詔特加榮命詔前左領軍大將軍房仁裕宜奪情禮應玆藩寄可金紫光祿大夫行揚州都督府長史于時再三上

表乞終喪制仁裕旣以孤存一身終鮮兄弟爰降勅書曰前大將軍房仁裕宜依故事聽於任所爲立靈廬晨昏哭臨以終孝性之任之日童僕已上數百餘人悉給傳乘勛勞之恩昊天罔極今於潤州江寧縣躬自採石造碑運送墳塋限以委寄任重不獲身自樹造長子先禮安立貞觀年中碑已先樹重刋貞石紀述太夫人積德遺誡并敘重疊天恩安厝年月泰山之表方儔舉而已漏瑯琊之碣擬實錄而多慙其詞曰

軒臺茂祉元宮綿亘有明帝媯陶埶孔聖軀文獨簡龍門孤暎盛祀彌光攸鍾斂令詩史不譽作嬪鼎族端操霜明芳猷蘭郁婦德光備母儀是彰恭惟瀲幕宏宣義方功成實亮尊極綸旣

碑陰云太夫人八女一男洎乎弱冠位皆方岳秦陵五州諸軍

督潤州諸軍事都督左領軍衆軍又轉左大將軍金紫光祿大
夫行楊潤宣常滁和六州諸軍事楊州都督府長史太原王氏
五女十男長女王妃年十三未婚而薨第二女六歲與妃同夭
第六息先貞任國子監聽俊絕倫詩書無停晝夜竭思妍精遂
傷心腑苗而不秀十八而亡詔降天慈竝賜醫藥朋友祭哭者
三千餘人自幼及長咸賴太夫人之慈訓今竝陪葬此域孫先
禮雲騎尉朝請郎密王府戶曹參軍奉義郎行泉州錄事參軍
事孫先孝雲騎尉左親衛通直郎行司士參軍承議郎行并州
陽曲縣令宣德郎參軍奉義郎先恭通直郎行杞王府兵曹參
軍事先慎宣德郎守江王府兵曹參軍事武騎尉年十三任宏
文館學生授太子左千牛倫超孫女夫宋師將竝躬自營樹歲

次景辰六月甲午朔十五日戊申清河府記室參軍李義觀典
籤房神諒等承嚴命卜日而樹

章邱志云按清河太夫人碑殘毀已久今因採訪共得七石詳
玩筆意與房定公碑陰相類或亦歐陽率更遺蹟與

按此碑八分書共二十二行碑陰正書十五行在趙山之陽

房定公碑東

唐開元三年醴泉寺誌公碑

大唐齊州章邱縣常白山醴原寺誌公之碑
東京大薦福寺翻經院奉勅昭慶寺綴文沙門元傘撰大薦福
寺奉勅翻經院校勘沙門正智寺都維那僧道寂建此寺及此
碑

伊昔曇花未出庸詎知寂滅之名覺日猶遮曷嘗識苦空之相因夫金儀下降舍虛含淨月之光寶教旁流器貴受元雲之潤瞻乃化工光昭異香不息所以化身周流於刹土神足遍現於塵沙或十六聲聞駐形巨里一方菩薩納景涼臺朱幡白足多在佛法之英翠徑丹崖咸處王城之舍葢利生紛道指境發緣若不人處冥答誰能使諦幢高建者矣今此醴泉寺者棲託巖阿聿修禪寂此地元武之分青龍所憑橫日首以開疆據天齊而劃野師尙父之剏居齊桓公之霸國尒其常白山者迺摩天際地晻映薇虧抱泉石以娛神出雲霞而養性繪兹形勝攺建招提自後七級崇圖偉起舍佉之構五層峻閣重標戰勝之門海目山亭虹梁鳥革水調八解之聲風暢五音之說息心之輩

見流注以超昇迴面之徒仰幽闕而悟入我國家灌頂四天纂圖千帝以佛乘爲象馬因道品爲城郭八方起塔志深遺形九億聚塩情殷造寺於是望此精廬宗通業日三齊族姓向梵境以翹誠四履黎昌仰釋天而矯首又屬中宗孝和皇帝龍興漢道馬入天經景龍二年歲次景午爰有齊州正智寺都維僧仁萬俗姓李字道寂慨兹隳隆抗表興崇天鑒至誠特賜名額法俗歡康人神舞悅初師之行進表也夢乘船上山及翌日赴朝所削無礙豈非興廢黙定通塞懸期俶裝束上將次赴州又屬三藏義淨法師希代高僧天下重德先奉勑於大薦福寺翻譯經律德扇人天之表名揚宇宙之間聖應非凡神功巨測及將命星發載達章邱眷德方懋昭臨八域時有縣令楊君郎以二

月八日親率閤境老幼大會新寺表慶天恩又於靈廟之前尊卑就列鴈行齊聽忽見有醴泉流出修廣三四尺深淺二尺餘色淨味甘爰符瑞典挹酌同飲咸覺蠲疴豈不以五福既圓三靈允答光揚寶日滋液金場聖情垂感有勑改名爲醴泉寺仍更抽入冊九僧住持行道自元波再委碧題重開日殿赫而扶昇月宮華而桂滿若乃戒月澄空能防密霧禪燈焰室巧避輕風濯始浴之龍津洗毗盧之鳥眼長袪五住遠劫四周樹功不朽流福無窮斯並先帝之本願莊嚴法師幽贊感神之所致也又師游戲生死凡厥所化無願不從乃至有患心痛者但取寺前少土和水服之應時便愈遺形是託神靈保持梁寺史傳師本俗姓朱氏金城人也少出家依京道林寺僧儉法師爲和上

業存禪觀宋太始初漸彰異迹居止不定飲食無時長髮既足詞同讖記言不虛發應驗如神或密覗通於北都或分形遍於南國奇恠恍惚不可殫論及天監十三年歲次甲午十二月八日奄然示終時有異香非常芬馥特勑厚加殯送葬於鍾山獨龍阜仍於墓前立開善精舍勑陸倕製銘於冢內王筠勒碑於寺門及其去也以精靈度物哀憐庶類福祚皇王且彼託鍾山此依常白彼葬龍阜此瘞龍臺前王挹風後帝傾景至今大唐太極元年歲次壬子皇帝御天下之三載凡一百九十九年化化之緣古今無盡明明之德日月愈新恭敬者隨時受福傲慢者應念立徵事跡繁夥不可備載當嘉聲上澈先帝令左臺監察御史宋務先親加檢覆八正知歸一屬昔緣獲未曾有比後

復命倍沃天心刺史楊元禧分符北極露冕東藩惠雨逐於行車仁風隨於轉扇緋繩寶地助動天元薦瑞香園延光帝載縣丞主簿縣尉馮含景講學行道入官風變揚舲彼岸錄事里黨鄉老等門滋蘭畹躬播檀芽忠信滿於州閭因果光於古後貝樹披春帝王之遺文秩矣金繩玉尺諸佛之正道通矣迷津得路菩薩運載之乘行矣況元天大造充溢於盡空淨域鴻緣牢籠於無外昔迦葉塔下如來垂讚歎之蹤彌勒堂前善財表歌揚之偈若稽古訓式樹豐碑銘曰

義天兆昧優花未披但迷五蘊孰辨三伊哀彼火宅耀我金儀神足繼軌賀子揚蕤九有至處覩方擇土燬我實地壞我金場花殘鷺沼烟輟龍香霞標歇滅石徑荒涼萬寓秉皇千齡纂帝

日月連璧飛行至契託念新營精標五門玉墀俶感銀牖與存欲起天泉永規國德奇誠墳廟傳詞翰璽瑞醴通流嘉祥充塞重光佛苑開題宸極先帝聖靈聿資神境冥扶默贊分形散影旣墓彼山又墳茲嶺寶鐸雙振金繩共炳化變新新貞身永永初見泉沸時或未定天晶降宣聞諸典故鑴金鏤玉道該緇素式讚元猷爰諸淨處勒像賢劫刊碑覺路

開元三年歲次乙卯十月己酉朔十五日癸亥立

山左金石志云右碑文三十六行每行祇存五十四字寺在鄒平縣碑額則稱章邱縣據鄒平志載贊堂嶺在城西南三十三里距章邱三十里以山脊為界西屬章邱東屬鄒平今醴泉寺在贊堂嶺之東麓宜屬鄒平想唐時章邱界址必踰嶺而東也

復命倍承天心刺史楊元禧分符北極露冕東藩惠雨逐於行
車仁風隨於轉扇琳宮寶地助動天元應瑞香園疏光帝載爔
丞主簿縣尉馮合景請學行道入官風變錫船彼岸緣事里囂
歸先寺門遊蘭嶺身擇壇芽忠信術於州閭因果光於古後貝
樹被春帝王之道文殊兔金繩王民諸佛之正道通決法津福
路若隆運載之乘行兔泯元天大造宏益於盡空淨域潙緣宰
鐫於無外首迦葉落下如來垂讚歎之數彌勒當前善財表跡
揭之偈者精古訓式樹豐碑銘曰
義天兆眹優花未披但迷五蘊誰辨三伊哀彼火宅誰救金儀
神足纖軌寶子揚旌九有生蓮說方擇七遐救寶地廣救含濟
花發鷲沼湧蘭龍吞慶締沓滴石徑荒涼啓商乘皇千齡纂帝

日月運靈飛行王吳詎念新營精懇五門王璋做獻頌爾與存
衆也天泉示現國德再職濟廟傳高鄉燈瑞醴通流壽祚充塞
重光佛花開蹟摩極先帝聖靈津資神識冥扶默贊分形撒影
院墓彼山丈瀆放崩寶擇雙振金繩共八兩化變新新真身永示
初見泉湧時攻未定天品滌宜開諸典故鐫金像王道該術
大讚元年歲次當庚彌像碑劫羽師遺路
開元三年歲次乙卯十月己酉朔十五日癸亥立
山左金石志云右碑文三十六行行五十四字在鄒
平縣興頌則稱章邱縣鄒平志載醴泉寺在城西南三十三
里即章邱三十里以山谷為界西屬章邱東屬鄒平今醴泉寺
在贊皇嶺之東嶺直屬鄒平想唐時章邱界址必踰嶺而東也

長白山碑作常白山醴泉寺碑作醴原寺皆通用字醴泉在寺右百步石壁下讀此碑知醴泉之出始於道寂修寺之年碑云景龍二年歲次景午案中宗神龍二年是丙午若景龍二年爲戊申不知碑何以致誤也

章邱志云按醴泉寺舊名大雲寺梁誌公作也此碑立後一百三十年至武宗會昌五年大廢佛寺仆其碑宣宗大中五年復立之語詳碑陰可辨下截斷毀無存又按舊志誌公碑本池北偶談直錄故闕字尤多今親爲摹拓補其闕正其訛者共二百五十餘字碑陰有誌公像右書晉朝大士誌公和尚本容左右側面俱題名惟騎都尉馬守禮名可辨

按此碑章邱鄒平二志俱載之而章邱志釋文較詳然亦有

未盡者茲復細心辨認節錄其文如右

五代周顯德三年長白山新會院記碑 記見藝文

齊州章邱縣長白山新會院記進士戰孚遠字穎之立石

顯德三年四月六日記

承務郎守齊州章邱縣主簿路憲明水鎮遏使趙霞副鎮張知崇前鄉貢學三史司慎微書丹鄉貢三史張化象額同建立前滴河縣令李岫前費縣令張守節前高平縣令李若訥前都押衙董崇遠前豐林簿劉經前虞鄉簿呂仁紹秘校朱籍山錄事劉守節副錄夏侯璨講左氏三傳夏侯偉鄉貢三禮孫震前三傳柳彬鐫字匠人楊守謙

按此碑正書三十五行在城東三十五里大院莊南

宋天聖二年大雲寺石幢

朝奉郎殿駐丞清平軍使兼管內勸農河堤事上騎尉賜緋魚袋張太沖天聖二年歲次甲子十二月乙卯朔十日重建

章邱志云寺內有石幢三一在路臺西二在殿簷下東西相向每幢八面東幢字漫滅不可辨此西幢也四面隸書陁羅尼經四面篆書心經階下幢亦隸書尊勝咒

按此刻在城內西北隅大雲寺內

宋嘉祐六年重修夫子廟碑銘 文見藝文

宣德郎守尚書都官員外郎充清平軍使兼知章邱縣及管內勸農河堤事騎都尉借緋郭灝撰

嘉祐六年辛丑歲八月一日建長安賜紫僧神俊書丹進士崔

慶之篆額

山左金石志云案宋史地理志景德三年以章邱縣置清平軍熙寧二年廢軍即縣治置軍使此碑郭灝系銜已稱充清平軍使則此官非置於熙寧閒矣書此者賜紫僧神俊筆力圓勁頗得魯公遺意宜乎以儒學鉅碑借重於方外也

按此碑正書二十一行在學宮大成殿丹墀下

宋元豐八年齊郡廉先生序石刻

廉先生序

齊郡有廉先生者隱君子也少時一負書應舉旣而不知其憎世而醜俗歟亦愛其身以有待歟不然得喪輕重已判於胷中歟年未四十恝然來隱於齊東湖山之麓盡束其生平所讀書

並屋棟間而獨抱夫易以老焉其大者則格非知誠恐不足以
知之益言所可知以推所未知者則先生始來築室結廬植竹
數千本數百若甚暇且易而其堅完蕃茂它人畢力莫能及人
疑之曰此先生築室植木有術既而又見其種田百畝活十餘
口年歲無不給則曰是必能化黃金後四十年考其壽曾八九
十而見其猶有童顏也則曰是必能餌丹人數以告先生泛焉
受之不辭或從而求其術則告之曰是安得術吾於築室植木
也知不以彼之成壞易吾之誠於家也知不以彼之盈虛奪吾
之常理於身也知不以思慮擾拂吾之實中如是耳安得術雖
然若有問治天下國家者吾亦將以是語之其友王文恪公既
顯欲薦之朝廋先生不可屈乃止治平中詔求遺逸刺史王才

叔將追先生行先生陰使人進其弟子胡鄠雖鄠終身不知也
格非之兄和叔以爲其不苟於古可似黔婁其難際似叔度其
藏節匿行使世莫得名其高則非仲長子光不可偕也以考夫
功業則疑其數十年閒天下之人有時忠順豈樂之意莫知其
然而生忽戾之人亦有時乎悔艾之心莫知其然而作天地之
氣其容與調暢足以養萬物而秀嘉草者恐斯人與有功焉始
聞去冬奄巳卽世子孫皇皇請議未及此正西山之餓夫東國
之逐臣燕之屠蜀之卜絳縣之老有賴於仁人君子一言之時
也唯吾爲同里人質之區區亦欲藉之以告清議之伯元豐八
年九月十三日繡江李格非文叔序
迴憶昔童時從先伯父先考先叔西郊縱步三里抵茂林修竹

谿深水靜得先生之居謁拜先生數幸侍側欣聞謦欬之餘獨媿蔽蒙未有知識但見先生雲巾皃烏羽服藜杖身晦於林泉之間望之如神仙中人眞古所謂隱逸者也先生旣沒先考評其爲人先叔作序以紀名實迄茲三十有七年矣先生孫宗師曾孫理珪樹之堅石後進有立喜爲之書宣和癸卯正月八日

李迴謹題

斯文斯石始建于元豐八年後罹兵荒仆於荆棘至大中父銳同叔鐸請中菴文諸石陰迄今垂四十年乃伐石南岡愬里中同舍友前陝西漢中道廉訪司僉事彭敬叔更書而文于石至正六年四月日廉遵諒題

廉先生石陰記

余外表兄故章邱廉君諱可字君德爲人以信義仁佐縣嘗攝縣事二子銳鐸皆學行有聞銳補縣尉非其好乃退隱不仕鐸以貢官濟陽教銳鐸告余曰先人嘗訓銳等吾生當金季之亂甫再歲而孤賴母氏存育嗣有世業聞之吾母廉氏本河南祥符人譜亡無所考廉某先生未詳爲幾世祖元豐間歿而里人李格非爲之序後三十有七年孫宗師等始刻石焉有李迴題序稱先生年未四十來隱湖山以是觀之其遷繡江當始此也石刻臥水湄汝曹可移植爽塏世謹護之銳等視其石以劫火之故裂不可植乃圖爲重刊今礱石已具吾叔以一言紀其後先志畢矣余觀李氏之文新古奇崛辭達而理析蓋深於文且深於道者也誦其文企于其人則見湖山之威神益峻而繡江

之派潤益遠也余惟才賢之生固必待夫天地容與調暢之氣
然二公而後未聞有繼焉者豈其容與調暢之氣不恒有也耶
其有而無所託乃不得傳也耶石之再刻也以廉氏有賢子孫
序文缺滅不敢意度者凡三字皆闕之李迥所題書于後云至
大二年己酉中秋邑人劉敏中記

至正六年五月日廉銳等立石匠李欽祖等鐫

嘉靖二十五年二月二十四日重立主碑廉旺廉英一戸

按此刻四面前二面李序十四行跋四行題三行後二面記十五行年月題名三行在城東南二十里廉家坡原在莊後嘉靖間移莊內縣志以爲隱士廉復墓碑

宋元符元年重修平陵廟記

重修危山平陵廟記元符元年十月四日前定州樂縣主簿衡鈞記璠冠濤書丹兗州鄉貢進士張裕篆

按此刻正書在危山上

宋大觀元年八行詔旨碑

大觀聖作之碑 正書額三行字徑五寸

學以善風俗明人倫而人材所自出也今有教養之法而未有
善俗明倫之制殆未足以兼明天下孔子曰其爲人也孝弟而
好犯上者鮮矣不好犯上而好作亂者未之有也盍設學校置
師儒所以敦孝悌孝悌興則人倫明人倫明則風俗厚而人材
成刑罰措朕考成周之隆教萬民而賓興以六德六行否則威
之以不孝不悌之刑比已立法保舉孝悌姻睦任恤忠和之士

去古綿邈士非里選習尚科舉不孝不悌有時而容故任官爲
政趨利犯義詆訕貪污無不爲者此官非其人士不素養故也
近因餘暇稽周官之書制爲法度頒之校學明倫善俗庶幾於
古
諸士有善父母爲孝善兄弟爲悌善內親爲睦善外親爲婣信
於朋友爲任仁於州里爲恤知君臣之義爲忠達義利之分爲
和
諸士有孝悌睦婣任恤忠和八行見於事狀者於鄉里者鄰保
伍以行實申縣縣令佐審察延人縣學考驗不虛保明申州如
令
諸八行孝悌忠和爲上睦婣爲中任恤爲下士有全備八行保

明如令不以時隨奏貢入太學免試爲太學上舍司成以下引
問考驗較定不誣申尚書省取旨釋褐命官優加拔用
諸士以全備上四行或不全一行而兼中等二行爲州學上舍
上等之選不全上二行而兼中等一行或不全上三行而兼中
二行者爲上舍中等之選不全上三行而兼中等一行或兼下
行者爲上舍下等之選全有中二行或有中等一行而兼下一
行者爲內舍之選餘爲外舍之選
諸士以八行中三舍之選者上舍貢入內舍在州學半年不犯
第二等罰升爲上舍外舍一年不犯第三等罰升爲內舍乃準
上法
諸士以八行中上舍之選而被貢入太學者上舍在學半年不

犯第三等罰司成以下考驗行實聞奏依太學貢士釋褐法中等依太學中等法待殿試下等依太學下等法

諸士以八行中選在州縣若太學皆免試補爲諸生之首選充職事及諸齋長諭

諸以八行考士爲上舍上等其家依官戶法中下等免戶下支移折變借借身丁內舍免支移身丁

諸謀反謀叛謀大逆及大不恭詆訕宗廟指斥乘輿爲不忠之刑惡逆詛駡告言祖父母父母別籍異財供養有闕居喪作樂自娶釋服忘哀爲不孝之刑不恭其兄不友其弟姊妹叔嫂相犯罪杖爲不悌之刑殺人略人放火强姦强盜若竊盜杖及不道爲不和之刑謀殺及略賣緦麻以上親毆告大功以上尊長

小功尊屬若內亂爲不睦之刑詛駡告言外祖父母與外姻有服親同母異父親若妻之尊屬相犯至徒違律爲婚停妻娶妻若無罪出妻爲不婣之刑毆受業師犯同學友至徒應相隱而輒告言爲不任之刑詐欺取財罪杖告囑者鄰保伍有所規求避免或告事不干已爲不恤之刑

諸犯八刑縣令佐州知通以其事目書於籍報學應有入學按籍檢會施行

諸士有犯不忠不孝不悌不和終身不齒不得入學不睦十年不婣八年不任五年不恤三年能改過自新不犯罪而有二行之實者鄰保伍申縣縣令佐審察聽入學在學一年又不犯第三等罰聽齒於諸生之列

大觀元年九月十八日資政殿學士兼侍讀臣鄭居中奏乞以
御筆八行詔旨摹刻于石立之宮學次及太學辟廱天下郡邑
二年八月二十九日奉御筆賜臣禮部尚書兼侍講久中令以
所賜刻石通直郎書學博士臣李時雍奉勅摹寫承議郎尚書
禮部員外郎武騎尉臣蔣勝仲朝散郎尚書禮部員外郎雲騎
尉臣華壽隆承議郎試尚書禮部侍郎學制局同編修官武騎
尉隴西縣開國男食邑三百戸賜紫金魚袋臣李圖南朝請郎
試禮部尚書兼侍講實錄修撰飛騎尉南陽縣開國男食邑三
百戸賜紫金魚袋臣鄭久中太師尚書左僕射兼門下侍郎上
柱國魏國公食邑一萬一千二百戸食實封三千八百戸臣蔡
京題額

山左金石志云右碑文及年月銜名凡二十七行字徑一寸筆細如髮全以瘦勁行之是碑山左學宮往往有之蓋當時諸州學皆奉令勒石者

金石萃編云按宋史選舉志大觀元年三月甲辰詔立八行取士科然品目既立有司必求其迹以應令遂有牽合瑣細者蓋後世欲追古制而不知風俗教化之所從出其難固如此据史文知八行八刑在當時固亦行之久矣

章邱志云大觀聖作碑金石編載有四種此碑與興平一種同

按此碑正書二十六行行六十七字在縣學大成殿前丹墀東山左金石志載臨朐泰安城武諸城觀城五種而不載章邱臨邑可據此以補其缺

宋政和三年關帝廟記碑記見藝文

蜀將軍關侯廟碑

將仕郎新授兖州龔縣主簿管勾學事李端臨撰文河南穆湙書并篆額

宋政和三年歲在大荒落秋七月巳卯朔建

按此刻正書十九行行四十一字在北關邑厲壇東

宋政和三年穆氏先塋石表

有宋君子河南穆延秀諱賓延秀其字也少卓越有志操博通書史尤明周易老聃之道性沖澹不樂仕進嘉遯養素以終其身鄉閭無長幼貴賤莫不愛向謂之君子熙寕元年二月五日歿壽七十三穆氏世爲河南人唐秘書監監之後自其高祖徙

居開封至君挈其孥益東遂占籍於齊州之章邱縣歿葬女郎山之陽以其配趙劉二夫人祔後四十五年當政和癸巳秋九月既望刻石墓表以著不朽云洛陽王壽卿書曾孫湙模工任升刻

章邱有隱居篤行長者河南穆君歿於熙寕丙辰後三十七年孫湙始錄其先人宣德手疏君遺善諉洛陽王壽卿以爲墓表

按君諱端字伯初少力學剛毅能尊其所聞尤以孝著皇考賓材其子早以家付而喜散施君傾貲奉之未嘗以有無爲言逮執喪焦毀過禮臨穸號慟屢至殞絶廬守墓側服竟始去後每諱日孺慕泣涕終其身而不衰季弟客死京師殯於中野他日君迹之弗獲乃招魂葬焉自是歲時與親朋遊集輒悲思不樂

嗚呼君隱士也其施設雖不大見於時觀其內行修飭而居鄉交善遇事造次必本於厚則蓄而不發者殆可知已宣德君名翬盎君冢嗣云

王魯翁嘗篆一以李監爲師行於四方問李監石刻之所在無風雨晨夜余未識魯翁見壁題曰是必陽氷之苗裔也已而果然其論陽氷筆意從老至少肥瘦剛柔巧拙姸醜皆可師承有味其言之也余嘗戲魯翁杜元凱左氏之忠臣王魯翁李監之上嗣也今世作小篆者凡數家大率以間架爲主李氏筆法幾絕見魯翁用筆可以酒酹陽氷之塚耳山谷道人黃庭堅雷亨坤識

山左金石志云此碑前爲穆庭秀後爲穆伯初總額曰楊氏先

塋石表後又有黃山谷跋縣志載穆庭秀墓在女郎山之陽有石表洛陽王壽卿撰文并書篆山谷美其篆爲贊於上今移置文昌祠攷宋史黃庭堅卒於徽宗即位之三年此碑立於政和三年距山谷之卒已及十年是山谷未見書此碑也當由穆氏曾孫慕山谷之譽因附刻於石表之後以增重耳

按此刻篆書二表前十二行後十三行俱行十四字行書跋十八行行八字原在女郎山之陽後徙置岱嶽觀今移文昌祠內

宋夏侯墓碑

故尚書比部郎中夏侯府君墓誌銘

章邱志云碑僅存篆額下鐫一武官像右持劍闕其名字

按此刻在城北十餘里夏侯莊西

金大定十六年重修宣聖廟記碑 記見藝文

徵事郎前滑州軍事判官姜國器記濟南進士李垣之書丹進士崔洋篆額

按此碑正書文十九行題名二行碑陰有從事郎行縣丞尹莘記及助資姓名二十六行在縣學內

元太宗二十二年王宏墓碑銘

濟南行省郎中王公祖考之碑

朝請大夫前開封府判陽邱李灝撰文前進士濟南謝良弼篆額孫男王鑑書丹

歲次己酉四月日懷遠大將軍前山東鹽使濟南行省左右司郎中男王瑾立石

按此碑正書二十三行在城南寨西首關帝廟前

元至元十六年講書院碑

濟南陽邱明秀鄉福聖院道深記故金眾大士衛公三藏記

濟南路儒學教授王元賓撰濟南路學錄智京書

按此刻正書在城西南四十餘里

元至元二十三年增修廟學記碑

提刑按察使武安胡祗遹譔書河內曹貫篆額

按此碑正書文十三行前後題名六行在縣學內

元大德七年中書參知政事張公先塋碑銘

正奉大夫知制誥兼修國史閻復撰翰林侍講學士奉議大夫

知制誥同修國史張伯淳書翰林學士大中大夫知制誥同修
國史楊文豢額
大德七年歲次癸卯正月十七日丙午嗣子中奉大夫中書叅
知政事斯立立石
山左金石志云碑稱張斯立因致仕華顯爲先世立碑以示來
裔案元史張斯立無傳宰相表有之其叅知政事自大德元年
迄於九年正與碑合伯淳此碑筆法秀整攷本傳伯淳自至元
末謁告歸大德四年即家拜翰林侍講學士明年造朝扈從上
都又明年卒此碑立於大德七年正月則書碑正及其垂老之
時也
按此碑正書二十二行在縣東南十五里相公莊

元皇慶元年加封孔子制詞記碑
通奉大夫山東東西道宣慰使劉敏中述并書題額
按此碑正書上層制詞十七行下層記文二十行題名一行
在縣學內
元延祐五年劉鼎墓碑
贈太常禮儀院彭城郡公謚獻穆劉公神道碑 篆額四行
故廣威將軍益都總制兼安慰濟南淄德軍民勸農使山東行
尚書省左右司郎中贈資德大夫太常禮儀院使上護軍封彭
城郡公謚獻穆劉公神道碑銘
翰林學士承旨知制誥兼修國史廣平程鉅夫撰集賢大學士
前中書左丞保定郭貫篆額

延祐五年歲在戊午四月孫翰林學士承旨知制誥兼修國史
敏中立并書
按此碑正書二十七行在西阜莊北首

元延祐五年劉景石神道碑

贈集賢大學士齊國公神道碑銘篆額三行
贈集賢大學士榮祿大夫柱國封齊國公謚文靖劉公神道碑
銘翰林學士承旨廣平程鉅夫撰集賢大學士保定郭貫篆額
延祐五年歲在戊午四月六日男翰林學士承旨敏中立并書
按此碑正書二十五行在城東南三里西阜莊北

元至治元年武文煥碑銘

陽邱武氏昭先碑銘翰林學士劉敏中撰翰林學士劉賡書

至治元年十二月十七日男履常立石
按此碑正書在城東梭山南

元泰定二年劉敏中墓碑

翰林學士承旨光祿大夫柱國齊國劉簡公中菴先生之墓戶
部尚書前參議中書省事里人張友諒題
泰定二年二月日奉訓大夫僉山東江北道肅政廉訪司事嗣
男從禮立
按此碑正書在西阜莊

元泰定二年崔榮碑銘

崔居士墓表銘孔顏孟三氏子孫教授前國子助教張臨撰御
史臺都事楊僖篆翰林待制兼國史院編修官張起巖書

泰定二年歲次乙丑夏四月庚辰朔男公緯公愷等立王謙列

按此碑正書二十八行在城西北三十五里張家林莊

元泰定四年重修洪福院記碑

般陽路儒學教授前山東考試官高尹撰亞中大夫山東東西道宣慰副使武履常書監察御史劉從禮篆

按此碑正書二十五行在城東三十五里大院莊

元天歷元年張氏先塋碑

陽邱張氏先塋碑資善大夫知制誥同修國史館張養浩撰文翰林侍讀學士張起巖篆額集賢直學士孛木魯翀書丹

天歷元年三月日承直郎上海縣尹孫男如砥等立

按此碑正書在城南十三里西營莊北

元天歷三年武德碑銘

太原郡侯武氏懸贈之碑中憲大夫太子左贊善張起巖撰禮部侍郎康璧書翰林學士張養浩篆

天歷三年四月吉日嗣孫履常立王謙刊石

按此碑正書在城東棱山南

元至順二年張斯和墓碑銘

贈中奉大夫河南江北等處行中書省參知政事張公神道之碑翰林學士張養浩撰文嶺北湖南道肅政廉訪使鄧文原書并篆蓋

至順二年十月初一日嗣子資善大夫中書左丞友諒立石

按此碑正書在城東十五里祖公莊東南碑陰有禮部尚書

張起巖記戸部尚書魏誼書

元至順四年廟學神門記碑

李泂撰宋本書忽都都魯彌實題蓋

按此碑行書二十四行在縣學內

元元統三年張寬碑銘

翰林侍讀學士張起巖撰并篆額御史中丞張友諒書

元統三年三月日朝散大夫男州尹張如砥立石

按此碑正書在西營莊北

元後至元六年重修靈應觀記碑

鹿思固撰田頤正書彭恂篆額

按此碑正書二十三行碑陰題宗派之圖上層眞君宗派下

層官職士庶姓名在女郎山之麓

元至正十六年章邱縣尹李彥表德政碑

榮祿大夫中書省平章事張友諒撰文中奉大夫嶺北等處行中書省參知政事宋紹明篆額翰林直學士段弼書丹

按此刻正書在縣署大堂西南

元大初巖石記

張文忠公題江神子詞

何年仙斧斷雲根玉無痕翠生春磅礴空庭太華入平分百竅晴通元氣漏無一竅不氤氳　相當邱壑闕天眞泣波臣走山君一笑移來造物不吝嚬日擊烟霞心已了誰再夢上星辰

前縣令田疇題云太初巖文僖劉先生十友中之最也先生一

觴一詠與之偕而不能置於花晨月夕者厥意亦深矣鄒少尹邠之高道見而恤之置諸堂宇之次其友倚之高固可取而文備心事想亦得之於不言之外正統戊辰夏六月朔日述題

按此刻正書在縣治宅門外

明嘉靖二年歷聖贊碑贊見歷城

巡撫山東都察院右副都御史廬陵陳鳳梧謹贊

按此碑正書三層二十一行在縣學大成門內

明嘉靖二年女郎山洞宇記碑

章邱女郎山增修洞宇記

巡撫大同贊理軍務都察院右副都御史洪漢撰文前衛州知府劉欒書丹山西按察司僉事喬岱篆額

按此碑正書二十二行在女郎山上

明嘉靖二年北山亭詩石刻

嘉靖癸未閏四月既望予發章邱將赴鄒平同年劉太守思武餞予於北山亭上遂遊三陽洞探奇覽勝之餘輒次前提學沈休翁韻以寓登臨之懷云廬陵靜齋陳鳳梧題

乘興來登絕巘亭曉涼宿酒喜初醒風前碧樹微鳴籟雨後青山巧露形一竅泉幽通地脈三陽洞古闢天扃茫茫俯視皆塵景欲挾飛仙駕紫軿

按此刻正書在女郎山嵌壁上

明嘉靖五年世宗敬一箴碑

明嘉靖五年世宗釋宋儒五箴碑

按以上二種正書俱在縣學文昌宮廊壁上詳歷城

明嘉靖二十七年李聰墓表

李處士墓表翰林院編修承天孫元篆額八都散人雪蓑子蘇洲書丹嗣孫開先撰文繼先樹碑

按此刻草書二十行在城南三十五里鵝莊李氏塋

明嘉靖二十九年李淳墓碑銘

累贈奉直大夫吏部驗封司員外郎緣原李公神道碑銘

戶部尚書濮州李廷相撰八都道人雪蓑子蘇洲書丹翰林院修撰吉水羅洪先篆額

按此刻草書二十五行在鵝莊李氏塋

明嘉靖三十七年大觀樓石刻

嘉靖戊午三月同賑泉李方伯少谿謝亞卿後峯劉司諫三致仕遊女郎山詩一首中麓李開先書

平野千餘里南來首此山洞溫龍睡穩巢冷鶴飛還雖去市城近疑非人世間無名花爛熳知止鳥綿蠻嵐氣成樓閣簷鈴響佩環流光虛過眼佳景且開顏有客穿雲至無官盡日閒仙宮同嘯傲樵徑費躋攀報國心猶赤還鄉鬢已斑登高堪望遠直北是燕關

按此刻草書二十五行在女郎山嵌壁上

明嘉靖四十四年李晃墓碑

雲南右布政使李公墓表前吏部考功郎中魏博潞石申旞撰文南京戶部尚書龍岡張舜臣書丹戶科給事中後峯劉祿篆

額不肖男美中立石
按此刻正書在城東南二十五里明水鎮西
明嘉靖四十四年李晃祠堂記碑
太常寺少卿中麓李開先撰文戶科給事中劉祿書丹
按此碑正書十六行在明水鎮北
明隆慶六年錦江橋記碑
章邱明水鎮重修錦江橋記鄉貢進士陝西臨洮府推官張大
儒撰邑庠生康大猷書修橋善人馬本化石工張禮鐫
按此碑正書二十一行在城東南二十五里明水東
明萬曆三年重修女郎山泰山行宮記碑
恩選太學生張國籌撰庠生郭纂書

按此碑正書二十行在女郎山上
明萬曆五年改建啟聖祠記碑
吏部左侍郎海豐楊巍撰文刑部尚書濰縣劉應節篆額光山
知縣韓志道書丹
按此碑正書二十行在縣學大成殿後
明翠筠石記
萬曆五年四月望日贈靜菴楊隱君園居效陶體四章就山張
自慎書
章邱志云石在焦氏常友麟家
明萬曆十七年劉祿墓表
戶科給事中太常寺少卿劉公暨配苗孺人合葬墓表戶部左

侍郎新城見峯王之垣撰兵部左侍郎海豐近滄谷中虛書監察御史在田李化龍篆不肖男震亨等立石

按此碑正書二十四行在墓前

明萬歷二十五年鄒衍祠記碑 記見藝文

周客卿鄒公祠堂之碑章邱知縣陽平董復亨撰文臨邑許用敬書

按此碑正書十八行在東關魚市北廟內

明萬歷二十五年泮池記碑

陝西行太僕寺少卿兼按察司僉事臨邑邢侗撰文章邱知縣陽平見心董復亨立石臨邑許用敬書

按此刻正書三十九行在學宮南牆外壁上

明萬歷二十六年李氏祖塋碑

故省祭官李公暨配郭氏田氏竇氏合葬實記

河南布政司左叅議前監察御史孝孫李化龍譔戶部郎中張汝蘊篆廣平府推官胡東漸書

按此碑正書二十二行在塋前

明章邱紀事石刻

歸安茅國縉薦卿撰吳興陸拙書

明茅章邱傳石刻

虎林黃汝亨貞父譔吳興陸拙書

按以上二刻正書俱在縣治西關帝廟東壁

明愛蓮亭眞跡帖

章邱志云李登階書今在馮家坊

國朝順治十六年重修廟學記碑

提督學政僉事前刑部員外郎施閏章撰文章邱知縣張僎書

署教諭范研經訓導房薇立石

按此刻正書十七行在學宮內

順治十六年大觀樓石刻

繡江行

羲仲驅車錯躔度元冥蓐收青陽路三月重凝繡水紅急風倒拔陽邱樹天河滄海同飜覆雪染桃花成白玉茂陵消渴鷫鸘寒百舌聲多亂心曲

登女郎山同邑令張貞一作

女郎山畔日將沈女郎墓上草凝青長白雲連繡江水陸離長佩裊娉婷憑欄舉酒舞且歌深洞幽房山鬼多黃土紅顏自今古颯颯陰風吹女蘿己亥三月宣城施閏章書

按此刻正書在大觀樓壁上

鄒平

古瓦豆

篛園日札云道光三年正月十四日得古瓦器於舍東斷垣中淺者爲豆深者爲登檢之葢四豆二登也一豆上下完好無缺損一登有葢亦無少缺唯登中斷手自釘之餘皆糜碎唯一豆器可栽之以爲硯又云豆上有葢葢上有帶帶上有平圓形少仰其心微凹試以今工部尺量之豆通高八寸豆器高一寸三分器上口圓徑五寸八分器下之校與鐙通高六寸七分鐙下之底圓徑四寸五分登以今工部尺量之登通高七寸五分登器高三寸校與鐙通高五寸器口圓徑五寸九分鐙底圓徑五寸九分校中幹鐙下座也校鐙二字本禮記

按爾雅云瓦豆謂之登疏引老工記旊人證之是也此器與博古圖所載周單疑生等豆形狀不同而與漢靁文豆略似與考古圖所載秘閣篆足豆無異彼器并葢高九寸深三寸有半徑五寸有半容三升雖質有銅與瓦之分而形製略同篛園以豆葢作硯見貽古樸堅緻異常疑爲漢以前器也

唐開元三年醴泉寺誌公碑 許章邱

金石文字記云唐章邱誌公碑今仍在寺中而其地已割入鄒平矣按此所述是梁之寶誌與陸倕文略同而曰旣墓彼山又墳茲嶺則此地亦有誌公墳也按雒陽伽藍記別有一寶公豈卽其人而作文者誤以爲梁之寶誌乎不然何以一人兩葬也池北偶談云誌公碑文作齊梁體可辨者十之三書法圓勁在

歐虞間每行七十九字其下多斷齾不存其碑陰乃誌公像也

鄒平志云按醴泉寺地唐時屬章邱縣金元以後屬鄒平縣

五代周顯德三年中書侍郎景公神道碑

大周故銀青光祿大夫中書侍郎同中書門下平章事上柱國晉陽縣開國伯食邑七百戶贈侍中景公神道碑銘并序翰林學士朝議郎尚書水部員外郎知制誥柱國賜緋衣袋臣扈載奉勅撰翰林待詔朝議郎守司農寺丞臣孫崇望奉勅書

帝軒轅乘土德之運其臣曰奢龍祝融能辨方域以制區夏帝嬀氏禪陶唐之基其臣曰伯夷后夔能典禮樂以和人神上古佐命之道三政嗣興圖史寖盛彌綸輔翊代有其人皆金策丹書絢績功業垂其訓聚而爲典墳形其美流而爲歌頌銘以紀

功碑以誌行千載之下粲然可觀者其惟神道之表乎故中書侍郎平章事景公諱範呈朝元佐顯德二祀冬十一月薨於淄川郡之私第天子廢朝軫殲奪之念制贈侍中遣使贈奠飾終之典優而厚矣孔悝彝鼎不出廟門杜預豐碑空沉漢水洎自矜於名氏誠未顯於邦家與夫煇煌帝恩導揚休烈者非可同日而語也臣聞景氏之先出於芊姓從楚王於夢澤差列侍臣畫漢功於雲臺丹推名將後生偉人惟周之輔長山之下淄澮爲川地勝氣清惟公故里王父賓大王父閏皆貞晦不仕介享天爵公事登相位而申甫之祥著矣昔者聖人之教天下也本之以仁義制之以經籍是以公輔之位必由稽古廊廟之才必以經術顯而公以明經擢第於春官爲吏於淸陽掾於高密

郡秩滿授范縣令大鵬之翼鍛北溟以未舒蟄雷之聲殷南山而不起故公之佐縣政也人謂其勤且潔矣典刑書也人謂其賢且能矣粤若日月之彩得天而大明風雲之期遇屯而勃起我太祖聖神恭肅文武孝皇帝建大功於漢室爲北藩於魏邦初筵旣開得賢斯盛龍飛在天躬戴曜靈至於霄極皇業肇建制以公爲秋曹郎進階至朝散大夫維聖人執左契以臨萬邦國之大柄總於樞務者可謂重矣公爲左司郎中充樞密直學士尋轉諫議充職今皇帝嗣位之始登用舊臣而并人秉我大喪擁衆南寇親征之轝迅若奔雷分命於公仍拜卿貳黃鉞白旄殪羣兇而皆盡黎旗河鼓導淸蹕以言旋大祲旣已平九服又已定爰立之命帝心允符公自立不回信而有守大用逢時

洪鈞在手資忠孝於君父享富貴之崇高而盡悴之勞因成恙疾封章疊上優詔褒稱聽解利權以列卿歸第懸車故鄉嗟風樹之忽驚訴昊天乃何極見星而往夕露方多泣血以居晨漿屢絶哀與性盡臥疾而終享年五十有二觀夫公之行事則其道也淳而粹充充焉無能稱其言也直而肆謇謇焉無所忌古人之操何以尚也秉筆者得無愧於詞矣許國夫人李氏嗣子太廟齋郎儼信等佳城閉日長楸聳雲勒銘垂休以示千古其

詞曰

長白蒼蒼淄水湯湯哲人之生逢時會昌哲人之逝魂遊故鄉

高山兮巍巍逝水兮驚波山有頹坂水有高岸人何世而弗新

善有名兮獨遠猗歟公兮時用丕顯

顯德三年歲次丙辰十二月己未朔十日戊申下缺

池北偶談云鄒平縣西南五六里有小山曰相公山山前有景相公墓墓上有碑雖闕文尚可讀近于奕正作天下金石志亦未之載

山左金石志云右碑文三十一行字徑一寸案舊五代史景範傳云官爲立碑卽此是也周太祖紀廣順三年以左司郎中充樞密直學士景範爲左諫議大夫充職世宗紀顯德元年以樞密院學士工部侍郎景範爲中書侍郎平章事碑云登用舊臣蓋範當太祖時已爲諫議矣碑言晉陽縣開國伯冊府元龜載世宗詔爲開國男當依碑作伯又本傳世宗因其有疾乃罷司計尋以父喪罷相東歸並與碑同

金石萃編云按碑今在鄒平縣印臺山左其地別有小阜因範墓所在遂呼爲景相公山土人向誤爲景延廣山東考古錄辨之以爲志乘之誤今檢程素期所修鄒平志則已改爲景範墓全碑每行五十八字而景公生平出處略可考見矣景範父名初楚望書頗雅飭

按此碑正書上截完好下截殘缺茲節錄其文如右

金彭城郡伯劉汝翼墓碑

大中大夫劉公墓碑前進士河東元好問撰監察御史劉郁書同知泰安州事益津高翺篆額至元十年歲次癸酉四月十五日前授宣德路勸農使男珩承事郎監察御史男衡王府必闍赤男復從事郎應奉翰林文字男元及諸孫德俊德一德昭德

懋德中德存立石

按此碑正書在城北五十五里大三戸莊

金范文正公書堂記碑

鄒平志云翰林學士劉仲元撰

元至元八年長春觀碑

雲岩老人連日清撰鄉貢謝璧書丹

按此碑正書在城北五十五里碾王莊

元至元九年順德夫人廟碑

鄒平學諭霍邦獻記縣學生鄉人趙克忠書丹

按此碑正書在城東北六十里劉戸莊顏文姜廟內

元至元十七年天符廟碑

中牟前進士曾鐸述仁義鄉後進霍明書丹

按此碑正書在城北六十里霍家寨東嶽廟內

元至元十八年孟公總把先塋碑

山左金石志云伊京撰并書丹篆額在縣西南董家莊

元趙子昂題伏生授經圖詩刻

按此刻正書在伏生祠內

元大德四年范文正公祠堂碑

邑人尚書賈訓建進士曾昌祖記

元大德四年孫福墓碑

總把孫公祖考之碑歸德路儒學教授張德翁撰

按此碑正書在城西北十五里孫家栢東

元大德六年福興寺碑

前隆興路大濟倉監支納蓮塘仇天祿撰

按此碑正書在城北六十里花溝鎮

元至大元年陳氏墓碑

鄒平志云在靑陽店西南山下

元至大二年賈氏墓碑

山左金石志云忝知政事劉敏中撰在縣城西賈氏墓上

元皇慶元年加封大成至聖文宣王記碑 記見藝文

山東東西道宣慰使劉敏中述并書丹題額

按此碑正書上層刻制誥二十一行下層刻記文二十三行

在大成殿西丹墀下

元延祐三年翠微亭詩刻 詩見藝文

山左金石志云案鄒平志遐景亭翠微亭俱在黃山並安處士所構處士名安字仁甫嘗自製小碑高可盈尺螭頭龜座極精工久湮土中康熙三十年裔孫安士祿得於廢亭故址鄒平志云翠微遐景二亭元處士安宅搆在黃山西麓內翰楊損齋題名集賢院學士劉仲淹題額今碑刻尚存

按此碑正面天地日月國王父母二行字徑一寸四分七絕一首延祐三年四月立又五絕二首分刻於碑之兩側各二行在黃山西麓安氏翠微亭舊址

元泰定元年安氏遐景亭記碑

大德丙午冬予勸課至梁鄒內翰損齋楊公以公曹安思義請

日安氏世家梁鄒去城三里爲黃山孤峯傑竪狀若伏虎四顧繡錯平疇花竹葱蒨折而少南沙河漫流淙噴南鑿思義叟處士君築亭其下爲佚老之所課童僕樹桑麻足以供歲計擷果蔫簌足以樂賓友今年垂耆耋神觀充怡未嘗一造城市眞古之隱君子也予名其亭曰遐景翠微劉集賢仲淹題其額幸賜以記予聞崇圭疊紱轟然聲利之途衆人之所同趨君子之所不屑以軒冕爲柴棚以名利爲桎梏矯激世故亦君子所不爲顧乃所以自處曰有命焉能盡其命則用舍行藏而無所用其心追而求之者非也鄙而却之者亦非也今處士安於一邱一壑充然自得者亦必能安其命而已其子思義叅劃縣務動稽章程將躡青雲歷華要父子出處兩適其宜予家世天平之地若金螺若鳳岩俱在掌握中第以筮仕早辜草堂之約異日者棄官徑歸往來齊魯之間扣遐景亭爲不速之客處士其不我拒也濟南尹王構記泰定元年九月立

按此刻正書十九行在黃山西麓安氏遐景亭舊址

元天歷三年鄒平縣子張克忠墓碑

翰林學士承旨榮祿大夫知制誥兼修國史缺撰資善大夫陝西諸道行御史臺中丞張養浩書丹男臨立

按此碑正書在城北四十里張家莊南

元至順二年重修伏生祠記碑 記見藝文

縣尹曹叔明修禮部尚書張起巖撰并篆額

按此碑正書二十八行在城北伏生祠內

元至順二年范文正公祠記碑記見藝文

禮部尚書張起巖撰并篆額高天祐書丹

按此碑正書二十八行在縣西南醴泉寺范公祠內

元元統二年學田記碑記見藝文

國子司業張臨撰王克忠篆額

按此碑正書二十七行在縣學內

元後至元三年建學宮崇經閣碑

縣尹孫周卿建邑人王文煜撰張起巖篆額

元至正二年張臨墓碑

國子司業長白先生墓御史中丞許缺書

按此碑正書在河溝之陽張克忠墓南

元至正八年修文廟記碑

濟南路提舉學校益都高詡記府學生滕曾瞻書丹

按此碑正書在大成殿東丹墀下

元至正十二年修縣城記碑

縣尹陳埜仙修教諭張崇文記

元至正十五年建伏生書院碑

縣尹陳埜仙建吏部郎中焦榮祖記

按此碑正書在伏生祠內

元至正二十五年孝子劉興祖墓碑

孝子劉興祖傳般陽路總管防禦事萬廸書丹至正二十五年

歲次乙巳春正月承務郎國子助教甲午科賜同進士出身濟

陽李吉撰

孝子劉興祖宗支記至正二十六年歲次丙午春三月中書省

掾王煥撰梁鄒逸人譚憲書

按此二刻正書在城西南一里南營之西

元京兆郡侯宋敬墓碑

奉政大夫贈正中大夫河南隴北道肅政廉訪使僉太常禮儀

院事追封京兆郡侯宋公神道碑河南隴北道肅政廉訪使男

紹明同弟紹清立

按此碑正書二十五行在城西南滑莊之東

明洪武元年重修文廟碑

知縣張椿重修邑人王守素記

明洪武二年重修縣治碑

知縣張椿重修淄川縣丞王濛記

明宣德七年追封會昌伯孫七翁墓碑

詹事府少詹事廬陵曾棨撰文曾孫會昌伯孫忠立石

明宣德七年追封會昌伯孫復初墓碑

詹事府少詹事臨川王英撰文孝孫會昌伯孫忠立石

明宣德七年追封會昌伯孫士英墓碑

詹事府少詹事泰和王直撰文孝男會昌伯孫忠立石

按此刻正書俱在青陽店鳳凰山

明正統十四年重修伏生祠碑

知縣石璞修副使彭勗記

明景泰六年重修學宮崇經閣碑
知縣顧瑄修僉事李濛記
明成化十三年重修東嶽廟碑
知縣劉鎰建邑人張延登記
明成化十七年科貢題名碑
工部主事洛陽喬縉記
明成化十八年長白先生祠堂碑
知縣李興建邑人張延登記
明成化二十二年昭勇將軍李海墓碑
鄒平志云昭勇將軍武城後衛指揮使李公墓誌銘在上口西
明宏治四年重修縣學碑
知縣趙瑄修邑人言芳記
明正德十五年范文正公祠祭田記碑
巡按御史瑞州熊相增置自記
明嘉靖二年重修范公祠置祭田碑
山東按察副使黃道昭立田四段詳載碑陰
明嘉靖五年重修大成殿碑
知縣徐九疇重修自記
明嘉靖八年敬一箴碑 詳歷城
世宗御製御書
明嘉靖九年修伏生祠碑
知縣葉林重修自記

明嘉靖九年范文正公祠詩

知縣毘陵葉林撰

明嘉靖十年武德將軍孫儲秀墓碑

武德將軍錦衣衛千戸竹泉孫公墓誌銘定州知州濟南王詔撰文

明嘉靖十四年先憂後樂四大字碑

先憂後樂 正書二石字徑二尺

左布政使順天府通州心齋張欽書湖廣按察副使覃懷王暘跋章邱知縣趙瀛勒石

按此刻正書題名二行跋四行在醴泉寺范公祠

明嘉靖年翔鳳菴碑

一青楊夢亥記一邑人張延登記在迎峪

明嘉靖十二年松少山人詩刻

松少山人張鯤謁常白山中宋丞相范文正公祠下作詩八首刻之元石濟南府同知都柏鄒平知縣葉林同行

按此刻八分書二十二行在范公祠內

明嘉靖二十九年學田記碑

知縣劉格置邑人陳其蘊記

明嘉靖三十三年謁范公祠文碑 文見藝文

按察司僉事武定兵備道曹天憲以公務來鄒平宋丞相范文正公流寓邑也會仙山麓醴泉寺公祠堂在焉拜瞻遺像取酒以祭而告之鄒平知縣馮秉儀等立石

按此刻正書十九行碑陰有曹天憲會仙山懷古詩

明嘉靖三十五年重修儒學碑

教諭李季記

明嘉靖四十三年范文正公祠詩

按察司青州兵備副使洪洞劉應時撰

明萬歷六年重修廟學記碑 記見藝文

知縣河南李瑞修戶部郎中邑人王之士記

明萬歷八年重修縣城易置磚堞石墉記碑 記見藝文

知縣李瑞修吏部主事呂坤記

明萬歷十年建泮池二坊碑

知縣張書建邑人張一元記

明萬歷年重修范文正公祠碑

戶部郎中新城王之垣鄒平知縣王默章邱知縣游漢龍同修

少師兼太子太師吏部尚書中極殿大學士申時行記

明萬歷十七年眞如寺碑

知縣許國忠記

明萬歷二十七年烈女祠墓碑

鄒平縣故民孫守祖未婚妻烈女王氏之墓巡撫尹應元題知縣翁愈祥立石

明萬歷四十五年中丞張一元墓碑

中憲大夫巡撫河南都察院右僉都御史仁軒張公墓表奉直大夫左春坊左諭德北海趙秉忠撰

明萬歷四十六年建文昌閣碑
知縣姚成立建自記
明天啟二年贈給諫張一亨墓碑
累封禮部祠祭司主事贈吏科給事中義軒張公墓表太常寺
卿高邑趙南星撰
明天啟七年五嶽眞形圖石刻
邑人張延登摹勒
明崇禎五年古栗老友碑
邑人張延登題在大峪
明崇禎九年增置子城礮臺碑
邑人張延登記尙端書

明崇禎九年長白山月歌石刻
邑人張延登爲生員王庭芝妻賈節婦作張萬選書
按此刻在相公山北王氏墓上
明摹刻伏生授經圖
晉人魏汝清臨吳道子碑
崇禎中尙書張延登倩人摹勒入石題云余閱遯園客座贅語載金陵黃姓家收有王維伏生授經圖一卷吳中都元敬曾閱吐舌曰生平未見今增二兵使實倣維圖意與魏圖略不同謹識于此
按此刻在伏生祠內又有歷城邊貢所題樸學二字橫列字徑四寸

明崇禎十六年張忠定公墓碑

資政大夫兩京都察院掌院事左右都御史太子太保華東張公墓表左春坊左中允雍邱門生劉理順撰文

國朝順治十五年伏夫子祠碑

知縣徐政修提督學政施閏章記

順治十五年改建伏夫子祠額記碑記見藝文

教諭焦芳聲撰

康熙十二年黃山廟記碑

知縣劉元慧撰

康熙年馬驌墓碑

提學施閏章撰文

康熙三十五年改建伏夫子享堂記碑

知縣程素期修自記

康熙五十一年科貢題名碑

邑人成芸記

乾隆三十四年重修縣城議復南門碑

知縣裘鵬修自記

乾隆三十一年范文正公詞詩刻

甲申夏余以候補主政改授鄒令因得詣長白山醴泉寺躬親祭拜先文正公遺像繫心景仰於茲益切丙戌秋斗邑弟來鄒恭勤瞻拜不勝依戀爰各賦詩二章以誌企法先型之意云宗裔孫朝綱謹識

按此刻正書二十五行在范公祠內

乾隆五十七年重修學宫碑

知縣李瓊林修自記

嘉慶二十一年黛水橋碑記見藝文

知縣李文耕修自記

嘉慶二十四年重修黛橋碑記見藝文

知縣李文耕重修自記

知縣李文耕重修自記

嘉慶二十四年重修魚樂碑記見藝文

知縣李文耕修自記

嘉慶二十一年魚水橋碑記見藝文

知縣李夏林修自記

乾隆五十七年重修學宮碑

按此刻正書二十五行在范公祠內

淄川

晉人樂毅論石刻

淄川志云于欽齊乘云通志載唐李邕書開元寺碑在淄州今寺內無邕碑而晉人小楷樂毅論石刻在焉益淄川東有樂毅廟東十八里地名樂店石移寺中子昂嘗屬余打數本每以印手不高爲恨土人亦不知貴賤觀齊乘所言似未見金石録也今竝樂毅論俱迷其處神物隱現或當有時乎

唐開元寺碑

趙明誠金石録云右唐淄州開元寺碑李邕撰竝書初建於本寺後人移置郡廨敗屋下余爲是州遷於便坐用木爲欄楯以護之

唐李北海草書千文石刻

按李北海草書千文現存二石在淄川縣署庫樓壁上一刻自肆筵起至桓公止一刻自云亭起至殆辱止共一百九十一字餘不知所在

唐龍興寺陀羅尼經幢

山左金石志云右經幢八分書凡八面無書人及施主姓名經後題大唐開元九年歲次辛酉六月丁丑朔二十六日壬寅建又有天祐元年續題一行府志以此幢爲唐開元二年立者誤也

唐普照寺陀羅尼經幢

山左金石志云右經幢八分書凡八面每面下截皆有施主姓

名俱正書雖無立幢年月驗其書體與龍興寺幢相似故連類及之

唐康公夫人墓誌銘

大唐康公夫人之墓誌并序

公諱叔卿其先衛人也夫人淸河傅氏其先淸河人也公幼而有禮長而謙和修身愼行與物無爭何圖天授之仁不與之壽何不幸與以寶歷二年三月十四日因寢疾終于家享年四十有五其年遂遷窆于淄川縣萬年之西北三里孝水之西原從吉兆也夫人令淑容範宋子河鯉六禮貞吉享年六十有八以大中元年六月一日遘疾彌流遂終焉權殯于堂以大中十年十一月二十五日遂遷祔于塋兆有子一人早亡有女三人長

適屈氏次適張氏而承其家焉幼適王氏皆撫擗號訴哀毀過情遂召良工刻石染翰乃爲銘曰

寛宏德禮謙和淑人改過不怯愼行修身夫人賢懷孝敬邕睦和柔四鄰欽承九族盛德風猷名芳不朽貞石誌之天長地久

山左金石志云碑銘每章之首題其一其二其三字與他碑注於各章下者異亦一例也文中以彌留爲彌流通借字

唐法王院金剛經殘石

山左金石志云石經文正書楷法精整極似率更惜無年代可考府志載淄川法王院唐時建有巨碑刻金剛經卽此

按山左金石志所載又有唐人經幢與心經殘石二種皆唐刻也孫氏訪碑錄亦載之

五代梁開元寺常清淨經刻

貞明二年四月立

按此刻正書見孫氏訪碑錄

五代周龍興寺經幢

龍興寺百法院禮佛會石幢記

伏惟佛生當周昭王初暨乎漢皇感夢文邠國內廣布流行爰有百法大德者從無棣杖錫南來至磬陽龍興寺駐足四方之負笈雲臻寰海之間名悉至弟子等學親六事共結二因隨償讚唱以通天五體投誠而迎地乃有都副維邠幢會糺首造石幢一座鐫上下經兩軸各捨蜻蚨共崇勝業幢儀既就姓氏以雕輒順尊情略爲序讚

顯德二年歲次乙卯閏九月下缺

山左金石志云石幢八面序讚十行後刻彌勒上生經下生經及施主姓氏文體對偶未工惟書法頗有古趣耳

按此刻正書在龍興寺內茲節錄序文如右讚不錄

宋雍熙二年開元寺心經香幢

山左金石志云石經幢正書凡八面每面三行有虞褚筆意中稱清信男弟子女弟子猶沿北朝風尚

宋淳化元年普安寺磚塔題名

山左金石志云石磚塔八石宋刻者七並正書其一是金大定間牒文也在淄川西南普安寺俗名大薛寺所載施主姓名皆左起

浩父巨源皆不仕公少朴重喜讀書不以書資進取而獨取聖賢要語以履之敦慈和惠孝於親睦於宗族忠信於其朋友鄉人皆愛敬之爲善人君子父死旣葬廬於墓側哭晝夜不止逾三月乃歸毁瘠以終其喪嘗有日者告公曰公他日必貴何不求仕公曰吾於世物一無所嗜惟嗜爲善況聲利本亡意安得貴吾有二子當教之使就科舉其成與否吾不責吾所以責之者第使不爲不善耳故當擇師儒以教其子其後二子皆以經術獲第長曰希古卽中散公也屢爲大理審刑官明達平恕多有陰功在人出貳雄藩典名城休聲美實洋溢中外所至有遺愛人能頌歌之次曰希道調恩州清陽主簿公於景祐元年十一月六日以疾終於家享年四十有六夫人孫氏先公而歿今

贈高密郡太夫人孫三人長曰民先光州軍事判官次曰孝直次曰孝先應天府寧陵尉孫女四人長適建州關隸縣令卜早次適進士張祐次適龍州江油縣令宋旻弼次適鄉貢進士李堯臣仆 二人長曰居正次曰安祖皆太廟齋郎公始窆於諸城中散公後家於淄乃於熙寜元年八月庚申舉公與夫人之喪并三世族屬之喪皆葬於淄川之孝感鄉柏多里公始亡時中散公方爲海州朐山尉亨子之祿未久而又年未及倦鄉人咸呼天曰報德何約也至皇祐三年中散公登朝始贈公爲大理評事鄉人已爲榮矣中散公後益貴顯公之封典日益加今則金紫重號上亞三公寵厚恩隆耀榮幽顯又得紀德豐碑以暴白爲善有子之慶然後知天之報公者大而無窮也元祐三

年春碑具乃刻詞而銘焉銘曰

邈哉羅國顓帝之裔厥後子孫因國爲氏至唐有聞後裔垂烈

五代紹威乘時振發或齊或魏播遷東北公出諸城潛光晦德

以善遺子不詰其成卒能有成爲世名卿邦有寵光章金綬紫

天子贈公榮動閭里始疑其約今享其豐揭銘以碑照耀無窮

刊者蘇從禮

山左金石志云文體卓犖宋碑中之出色者因全載之

按此碑正書二十三行在淄川縣南十里道旁茲節錄如右

金大定五年普安禪院勅牒碑

山左金石志云石碑大定五年八月立在淄川縣西南二十五里

金大定二十四年興教院勅牒碑

山左金石志云石碑正書上層刻勅牒一道下層刻記文二十行在淄川縣北郭

金明昌三年法王院碑

山左金石志云石碑正書上層刻大定五年勅牒一道次刻記文三十一行在淄川縣東北瓦村

金明昌七年石佛寺乞雨碑

山左金石志云石碑文正書十行在淄川縣石佛寺

金大安二年石佛寺改塑佛象記

山左金石志云石刻文八行正書在寺內

元憲宗五年重修鄭康成廟記碑 記見藝文

濟南路彖議前進士張泰亨撰文前進士淄川李國維書丹鄧下士人王藎摹寫前淄州管內道錄王道崇篆額淄川縣令權州事張比義立石

山左金石志云碑末紀年稱歲在乙卯以文攷之當是憲宗五年其時未有國號年號故祇稱天朝而以干支系年爾

按此碑正書二十四行在淄川縣東黌山之陽

元至元四年縣學講堂詩刻

郡學講堂新成喜賦長句淄萊路總管府判官徐世望

兵餘芹館例荒涼火仆殘碑雨仆牆祀事有常先搆殿講筵無所更須堂諸生第勉詩書業千古何慙禮義鄉獨欠邑賢楊虎士我曹狂斐謾成章

淄川古名郡也其廟學兵後焚蕩無餘上官張侯暨諸鄉賢衆上人等重修

宣聖殿增新儀像歲供牲幣之祀所謂興讓講誦亙未暇[illegible]及至元三年夏判府徐君下車是邑越明年政通人和百廢[illegible]舉於是首以興學爲務命工鳩衆親董其役雖一木一石必自指揮安置不及期月堂廡庖廩屹然一新仍扁其堂曰止善蓋取大學在止於至善之義耳迺於旬休日躬率僚屬及後學諸生講讀經史且賦前詩以相勉勵僕竊以學者講習之區教化之本原臨民莅政假緩而實急者是也公乃首議搠此亦可謂知所先務矣他日將見郛民興禮讓之風變至道之化孰謂非公啟之乎時四年元宵後二日教授范之才謹跋淄川主簿夏

用章立石張泉刊

按此刻正書詩五行跋十七行在縣學內

元至元八年書祥觀記碑

張勵齋撰文張惟貞篆額苗元書碑

山左金石志云右碑正書記文二十一行在淄川梓桐山

元至元二十二年淄萊路重修講堂記碑

美師聖撰孫元中書

元至元二十九年重修贅世先生祠堂記碑記見藝文

般陽路教授張德翥撰

元至元二十九年炳靈王廟碑

張翥撰文

元至元三十年般陽路重修先聖廟記碑記見藝文

朝列大夫同知濟南路總管府事吳興趙孟頫記儒學教授范履道書丹并篆額

按此碑正書文十九行額名八行碑陰記正書二十五行記文廟院地四至并殿宇間數及文籍器物磨泐難辨

元元貞四年炳靈王廟八不沙令旨碑

孫氏訪碑錄云正書在王村店

元大德六年般陽路府學節次修建記碑

般陽路儒學正林過記并書

元大德六年寶塔寺朗公道行碑

沙門福眞撰智登書篆

山左金石志云右碑正書二十七行在淄川縣北楊家寨

元延祐元年提點王志道道行碑

釋思濟撰李克通書

邢氏訪碑錄云正書在七里店修眞宮

元延祐二年加封聖號碑

翰林學士劉敏中記并書

按此碑正書上層刻聖旨十五行下層記文二十七行碑陰

刻官吏社長姓名在縣學內

元延祐二年瓷甕題字

山左金石志云延祐二年王六公造正書陽文在淄川商氏

元延祐三年石佛寺石刻

李謙撰并書

元延祐三年東嶽行祠碑

山左金石志云右碑正書文二十行撰書姓名殘缺

元至治元年長春眞人門徒王史郭公碑

聶明德撰張麟書

山左金石志云右碑正書十八行在淄川七里店修眞觀內

元泰定五年郭氏祭臺石刻

山左金石志云右殘刻存字十七行

元元統三年重修報恩寺碑

張友諒書釋善修撰萬山篆額

元至正六年般陽府路重修廟學記碑記見藝文

翰林學士承旨榮祿大夫知制誥兼修國史張起巖撰翰林侍講學士楊宗瑞書中書禮部侍郎趙期頤篆額般陽府路儒學教授孔克倫等立

山左金石志云按史稱張起巖仕順帝朝拜翰林學士承旨知制誥兼修國史知經筵事俄拜御史中丞修遼宋金三史復命入翰林爲承旨充總裁官而不詳何年以此碑證之則初拜承旨等官是至正六年事而其拜御史中丞是至正六年以後事也

按此碑正書文二十行題名八行在縣學內

元至正六年興福院碑

張元撰并書王履和題額

明景泰六年重修明倫堂記碑

監察御史黎陽王瓛撰淄川訓導陑陽高寅書丹生員翟慶題額教諭黎陽邢鑑等立石

明成化十二年時雨堂記碑

訓導安慶羅達撰文

明嘉靖十六年靈虹橋記碑

邑人孫光輝撰文

明隆慶元年重修儒學記碑

歐陽賢撰文

明萬歷二十六年贈通議大夫雙松韓公入祀鄉賢記碑

崔敬立撰文

明萬歷二十八年重修城隍廟記碑
邑人韓取善撰文
明萬歷三十一年重修文廟記碑
太僕寺少卿臨邑邢侗撰文僉都御史邑人韓取善書丹監察
御史邑人高舉篆額
明萬歷三十一年重修文廟記碑記見藝文
戶部郎中邑人高捷撰文
明萬歷三十九年贈御史中丞柳溪高公祠堂記碑
吳郡馮時可撰文
明天啟二年贈太常少卿秋澄王公祠堂記碑
鄒平張延登撰文

明天啟七年六龍橋記碑
邑人孫之獬撰文
明崇禎九年韓侯新建石城記碑
邑人張至發撰文
明崇禎十二年建空心樓義倉記碑
邑人張至發撰文
國朝康熙四年重修學宮記碑
邑人高珩撰文
康熙二十五年重修淄城記碑
邑人高珩撰文
康熙二十五年縣治旌善癉惡亭記碑

邑人高珩撰文

康熙二十六年西關義市橋記碑

邑人唐夢賚撰文

康熙二十八年周濂溪新祠記碑

知縣應山周統撰文

康熙五十九年重修夫子廟記碑

知縣高要譚襄撰文教諭曲阜孔衍弼書丹訓導濰縣郭鋐篆

額

雍正八年重修禹王山禹王廟記碑

教諭濮州臧岳撰文并書

乾隆六年重修廟學記碑

知縣王康撰文

乾隆二十七年重修石城記碑

知縣景州張爲穫撰文

乾隆三十三年般陽書院記碑記見藝文

知縣秀水盛百二撰文

長山

宋治平二年新建范文正公祠堂記碑 記見藝文

淄州長山縣新建范文正公祠堂記尚書虞部員外郎知縣事上騎都尉賜緋魚袋韓澤述郊社齋郎韓敦行書丹鄉貢進士王持篆額宣奉郎守殿中丞知縣事兼兵馬都監郭槩立石

按此碑正書文二十一行前後題名八行在范公祠內

宋樞密副使姜遵墓誌銘

長山志云王居敬撰在城東南七里莊

宋吏部侍郎韓贄墓誌銘

長山志云王巖叟撰在城北五里

元至元二十五年重修廟學記碑

邑人張德懋撰文

元元貞元年重修懷范樓記碑 記見藝文

教諭鄭士隆撰文

元元貞二年重修廟學記碑

教授張德著撰文

元至大三年學田記碑

中書省叅知政事劉敏中撰文

元延祐七年加封孔子制詞記碑

我元有國百餘年聖聖相承咸右文治迨武宗皇帝嗣祚加封先聖大成至聖文宣王御史言國朝崇秩斯文近古未有宜碑列郡廟學用侈休命丞相允其請長山縣爲般陽屬邑其監縣

忽台尹粱玉洎僚寀相與竭歷其事既集乃走京師謁余請識

其盛臣養浩伏惟吾夫子之德如天不可繪畫故薦紳之士每

難於言致以國家興學育才者粗及一二世祖皇帝統元之初

首以覃懷許衡司鈞政府聖意若曰儒貴踐履遺本殉末臣朕

攸庸當時學者翕然尙德恥口耳習近代仁宗皇帝以唐宋科

第華而不實易而新之具見明詔嗚呼前聖後聖所以推隆斯

文者可謂同條共貫矣抑不知諸生所學將務踐履歟將事浮

華歟將規淺功近効以要榮利歟況先正許衡之在世祖朝以

爲博其學不外乎四書以爲高其行不遲乎日用以爲奇且巧

而終身未嘗畧及世儒詞章之習然而所以獲從祀聖人者果

何能耶諸生試以此求之則於國家立極化民之盛意庶無負

矣議者其毋以區區之見爲迂闊時延祐靑龍馭申秋七月中

議大夫禮部尙書臣張養浩拜手稽首謹識

承務郎長山縣尹粱玉書德州儒學教授於商隱篆淄川主簿

黃 下缺

按此碑正書上層制詞十九行下層記文十七行題名十一

行在縣學內記載縣志多所改竄茲錄原文如右

元至治元年增修范公祠記碑 記見藝文

增修范文正公祠記長白張臨撰太中大夫參議中書省事張

養浩題額奉訓大夫兼燕南河北道肅政廉訪司事劉從禮書

丹

按此碑正書文十四行前後題名九行在范公祠內

元至正十一年重修廟學記碑
濟南張起巖撰文
元至正十二年杜侯興學記碑
儒學提舉夾谷企檄撰文
元至元十二年重修縣城記碑
邑人牛志學撰文
元至正十二年重修孫少府祠記碑
邑人姜思齊撰文
元至正十二年般陽焦氏世德碑銘
翰林學士歸暘撰文
按焦政與子忠孫榮祖事俱詳人物暘字彥温汴梁人元史

有傳
明洪武三年重修范公祠記碑 記見藝文
縣丞余景埜撰文主簿程仁安書知縣徐奇篆額
明天順二年重建范公祠記碑 記見藝文
翰林學士錢塘倪謙撰文庠生呂顯書丹王昭篆額
明成化三年重修廟學記碑
陝西叅知政事前禮部左侍郎兼翰林學士知制誥東魯許彬
道中撰文左布政使陽城原傑書丹按察副使姑蘇張穆篆額
明成化十二年重開二清河記碑
大梁艾俊撰文
明正德十五年重修孫少府祠記碑

邑庠生段循道撰文

明嘉靖二年重建范公祠記碑記見藝文

按察司副使巡察海道岳陽黄昭道撰刑部主事邑人李士翺

篆并書

明嘉靖二十年重修廟學記碑記見藝文

湖廣布政司參政邑人李士翺撰國學生渠陽趙泮篆額邑庠

生劉廷臣書丹

明嘉靖三十七年重修城垣河道記碑

戶部尚書邑人李士翺撰文

明嘉靖三十八年建置譙樓鐘鼓記碑

邑人李士翺撰文

明隆慶元年改作景文門記碑

教諭崑山毛溥撰文

明萬歷三十六年重修縣城并建奎光樓記碑

邑人劉鴻訓撰文

明天啟四年石氏先塋瑞草記碑

郡廩生邑人石如金撰文

明天啟六年院山重修碧霞元君宫記碑

邑人劉鴻訓撰文

明崇禎六年郭孝子廬墓記碑

邑舉人趙珣撰文

國朝順治十七年賈侯禱雨記碑

宮保尚書李化熙撰文

康熙三十五年慧先石先生記碑

翰林檢討淄川唐夢賚撰文

康熙四十六年重修廟學記碑

知縣嶺南陳憲祖撰文訓導不夜呂鑒銓篆額候選訓導邑人

孫起鵬書丹

康熙四十九年重修名宦鄉賢祠記碑 記見藝文

署教諭曲阜顏光濬撰文訓導呂廷銓篆額顏紹槪書丹

康熙四十九年周村義集記碑

知縣會稽金鉽撰文

康熙五十三年新建分貯倉記碑

平度副使邑人袁景芳撰文

康熙五十四年重建名宦祠記碑

知縣嘉善孫衍撰文

康熙五十四年先賢萬子墓碑

知縣孫衍撰文

康熙五十五年重修范公祠記碑

知縣孫衍撰文教諭李臺書丹訓導呂廷銓篆額

雍正二年重修文昌祠記碑

邑人袁景芳撰文

雍正二年袁太公祠堂記碑

邑人曲一元撰文

乾隆二年袁太公祠堂記碑
翰林庶吉士武定李甡麟撰文
乾隆五年重建奎星樓記碑
邑解元張永瑷撰文
乾隆六年義學記碑
知縣王業豈撰文
乾隆八年重修景文門記碑
邑人張永瑷撰文
乾隆十二年漢孝子董永祠記碑
知縣武令揖修於陵曹迎巷記
乾隆十四年重建少府祠記碑

知縣淦水王今遠撰文
乾隆十七年重修永安橋記碑
邑優貢生朱廷棕撰文
乾隆十九年重修范公祠記碑
邑人朱廷棕撰文
乾隆三十一年重修郭北横山北極廟記碑
教諭前西寍知縣春谷祝三祝撰記訓導博陵袁廷煇篆額生
員李維謨書丹
乾隆三十三年重修大成殿記碑
按察使萩林沈廷芳撰文
乾隆三十九年天后閣記碑

知縣葉觀海撰文周荳意書丹

乾隆四十三年松山袁公鄉祠記碑

教諭聊城祝三祝撰文訓導利津劉紫遷書丹

乾隆五十三年重修文廟記碑記見藝文

知縣孝感蕭學愼撰文拔貢李本楡書丹

乾隆五十三年重修關帝廟記碑記見藝文

知縣蕭學愼撰文邑人張幹臣書丹

乾隆五十四年重修文昌閣記碑

知縣蕭學愼撰文

乾隆五十九年賈公捐施學田記碑

知縣蕭學愼撰文

嘉慶二年周村重修與隆橋記碑

邑舉人王衍霖撰文

道光十年陳仲子墓碑記見藝文

邑人馬桐芳撰文海昌朱隱溪書丹

新城

唐開元三年崔路莊石幢

惟大唐開元三年乙卯正月甲申朔二十九日壬子淄州高苑縣主金夏村人王元定男帳內十周乾嶷鄧仁信男淨眼二人等敬造九級浮啚上爲天皇天后師僧父母七代眷屬見存眷屬普及法界一切蒼生

塔主張貞黍妻宋男季生女伴娘合家供養

唐開元九年洪福寺陀羅尼經幢

山左金石志云右幢正書前刻經文後題施主姓名中一行有開元九年歲次辛酉知爲唐人所立在新城洪福寺內

元太宗七年于家湜張公墓銘

張公墓銘鄉貢進士劉贊撰并書丹

公諱忠姓張氏高苑成夏里人也世以農爲業祖與父俱有陰德缺不畏强禦愛鄉孤弱鄉人畏而愛之妻劉氏柔嘉淑簡寬恕仁厚實婦人中顏閔也恒惻然有周急之志貞祐中天下大亂缺及歸或餽路贐或裹餱糧缺公與妻行事類皆如是大安辛未九月二十有二日公卒後劉氏亦卒大朝辛卯冬十一月三日祔葬於邑西林子三人嘗有相師過公之墓曰當出一品大夫張氏昆仲奮身於白屋不十餘年間以次俱登將仕榮欲勒銘以彰父母之德其銘曰

張氏家世其來遠矣德行之純閨闈之軌生子三人立身揚名口榮與顯琢石勒銘

按此碑正書二十四行下截殘缺兹節錄其文如右

元至元二年初建儒學記碑

淄萊路教授丁珏撰文

元大德十年新城縣遷建廟學記碑記見藝文

登仕佐郎般陽路總管府知事郇城張履記并書篆額

元大德十一年加封孔子制詔記碑記見藝文

按此碑正書二十三行在縣學內

翰林待制儒林郎兼國史院編修官臣李泂撰通奉大夫山東東西道宣慰使臣王桂書翰林學士資善大夫知制誥同修國史臣張養浩篆題皆致和元年歲次戊辰夏五月吉日進義副尉般陽府路新城縣達魯花赤兼管本縣諸軍奥魯勸農事臣也先不花等立石

按此碑正書上層制詔二十二行下層記文二十五行在縣學內

元皇慶二年創建廟學講堂記碑

新城縣創建廟學講堂記勅授歸德路儒學教授張德翥撰益都路儒學學錄李德書丹儒學教諭李處正篆額

按此碑正書二十五行在縣學內

明成化十八年邑令杜忠去思記碑

教諭鄭中孚撰文

明嘉靖二十九年重修城隍廟記碑

知縣與化鄒充撰文

明萬歷六年重修西門記碑

邑人王象晉撰文

明萬歷六年重修廟學記碑

邑人王之垣撰文

明萬歷十三年重修儒學記碑記見藝文

戶部左侍郎邑人王之垣撰文陝西叅議邑人耿鳴世篆額江

西按察使邑人王象坤書丹

明萬歷十六年邑令趙文炳去思碑

邑人王之垣撰文

明萬歷二十二年科甲題名記碑記見藝文

知縣歸安卻薈錢汝梁撰文

明萬歷二十五年新城甎城記碑

漢陽蕭良有撰文

明萬歷二十六年貴州左叅議濼川王公墓碑

禮部尚書東閣大學士山陰王家屏撰文孫象乾集唐歐陽詢

書

明萬歷二十八年重修城隍廟記碑記見藝文

戶部左侍郎邑人王之垣撰文

明萬歷二十九年忠勤祠記碑

吏部尚書建極殿大學士太原王錫爵撰文孫象乾集晉大令

王獻之書

明天啟四年重修城垣記碑

禮部侍郎曹勳撰文

明天啓四年重修儒學記碑

吏部尚書中極殿大學士福唐葉向高撰文吏部尚書建極殿大學士博陽朱延禧書丹兵部尚書邑人王象乾篆額

國朝康熙十七年重建縣治記碑

知縣井研雷瑽撰文

康熙二十三年重修儒學記碑

知縣遼陽崔懋撰文

康熙二十五年邑令崔懋德政碑

邑人王士禎撰文

康熙四十九年義學記碑

知縣武安李閎中撰文

康熙五十七年新建桑公堤記碑

生員成聿介撰文

乾隆六年新開孝婦河萬民感恩碑

生員楊爔等仝立

乾隆二十六年重修儒學記碑

知縣安寍張文炯撰文

嘉慶二年諸葛祀田始末記碑

知縣涇陽趙彭錢撰文

道光九年重修鼓樓鐘樓記碑

知縣寶雞容昺撰文

道光十年義學記碑

知縣華亭龔廷煌撰文

道光十年義學記碑

知縣葉亭蘭延璧撰文

唐褒公段志元墓碑

齊河志云在縣北二十里晏城南

按唐書段志元齊州臨淄人封褒國公拜右衛大將軍卒謚

忠壯陪葬昭陵不知墓碑何以在此疑傳聞之誤

金承安五年贈宣武將軍張誠墓誌銘

徵事郎充安肅州軍事判官兼提舉常平倉事范英撰進士朱

松年書

公諱誠姓張氏其先冀州信都人六世祖以黃河初退難挈家

而來舊安仁鎮東南五六里度地以居焉即濟南禹城之舊界

也今隸齊河縣不數年開地幾百頃其後子孫支分派別三十

餘家皆以田功治生計獨公產最爲富強公爲兒時有人盜田

禾數十束佃客跡而捕之欲以見公父公憫其困窮仍以所盜

物遺之壯年値兵火盜賊蜂起公率其子弟宗族及連村數百

家選丁壯二千餘人合爲巡社分堡立甲賊黨莫敢窺伺及凶

年斗米萬錢人皆相食公發積粟二窖幾千石半與宗族親舊

半與鄰里鄉黨皆量口數以均之一方悉獲保全公之力也廢

齊阜昌三年其弟仔以鄉軍屯於京師久不得歸其母思而成

疾公謂子翼曰汝年方二十有膽氣心力可代汝叔父軍役翼

欣然從之戒曰汝當効死報國無累吾門仔還母疾頓愈數歲

母卒克盡三年之喪可謂賢矣天性平直臨事勇不自恤重義

好施敬賢疾惡通儒書精九九之數正隆三年十二月二十四

日卒享年七十一踰年正月葬於祖塋祖罕父萬皆不仕公娶田氏再娶孫氏生三子長思早世次翼廢齊時代叔爲軍從都統制郝遠破宋正陽城有戰功初補進義副尉累遷武德將軍洮州倉草場都監致仕受宣命超授宣武將軍騎都尉特封清河縣開國男食邑三百戶孫一曰子賢曾孫二人伯川伯裕元孫三人念三念五長壽元孫女一承安二年十月日天子因子之官誥贈公宣武將軍騎都尉清河縣男二妻並贈縣太君以賁幽壤銘曰

猗歟張公寬明賦性田舍以居君子其行遣子代弟以慰母心孝義冠古名著于今報不必身慶貽于後子大厥官爵高祿厚追榮及幽庭訓以光勒銘翠玉傳以無疆

承安五年閏二月二十六日宣武將軍前洮州倉草場都監騎都尉清河縣開國男食邑三百戶致仕男翼立

按此碑述張誠與子翼事縣志未載錄此以補人物之缺

元皇慶元年劉宏鎮旬公碑銘

德州齊河縣劉宏鎮報德慈恩院第一代住持旬公和尙碑銘

皇慶改元歲次元黓困敦孟夏初吉宣授順德路大開元寺沙門洪益撰濟南大神通寺金輿長老智澄書歷山進士張孝思篆進義校尉德州路齊河縣達魯花赤兼管本縣諸軍奧魯勸農事札木合蠻子海牙等立石

元延祐二年安遠大將軍萬戶劉淵神道碑銘

朝列大夫前福建閩海道按察司僉事同知建昌路總管府事

仕質撰承務郎德州齊河縣尹兼管本縣奥魯勸農事李好義書將仕郎前婺州路義烏縣主簿石天英篆額

延祐甲寅建丑月齊河萬戶劉君出示其祖父安遠政蹟丐予爲銘以表其墓予辭之曰汝之塋域間碑版成林其文皆鴻儒巨擘洎先大夫止軒君之所作也予爲何者乃敢秉筆渠復之曰當今之人知我家之深者莫公若請辦牢讓不獲已勉爲次第之侯諱淵姓劉氏大父通庚辰之秋倡義率衆歸朝時太師國王領諸道兵承制封拜授鎮國上將軍爲千戶佩金符其破宋寇定中夏之功殆非諸將可比終於德州總管父復亨受宣命佩虎符揚歷中外者一十有七年淮西宣慰使兼行元帥副事因疾卒贈銀青榮祿大夫大司徒齊國武宣公侯乃武宣之季子也至元十一年宣授進義副尉佩金符爲千夫長正月世祖征江南侯行至淮河與宋兵相値獲戰艦三十此侯之試手第一功也明年抵淸河復與宋將宋安對壘鏖戰數四獲戰艦八衣甲器仗無數帥府賞楮幣從中書右丞攻淮安十三年昭信之戰斬首千餘級所俘倍前十四年北覲詔賜錦衣銀鞍以寵之仍陞武略將軍十五年往閩廣蹚洪諸州洎鳳凰各寨以功授武德將軍十六年襲宋二王於朝陽港盛張旗幟往來衝突如入無人之境死傷溺死者不可勝計十七年授顯武將軍爲招討俄遷安遠大將軍十九年罷招討盍倒革也二十一年擢充潁州翼萬戶二十四年征交趾戰於興道府仍以皇子鎮南王遣侯領水步軍二萬攻靈山城賊不量力迎敵於我侯

冒刃而先之奮擊橫盪刺殺者百十八餘皆望風披靡自相蹂
踐而死者無慮萬數主將以銀盤賞之自爾賊拒守不出謀於
主將班師而退二十八年平浙東寇盜生獲賊首三人戮之終
任無犬吠之警三十一年領紹興等五翼軍守杭卒伍雖白晝
無事莫敢少離部曲市井無賴輩皆屏蹤伏匿其令行禁止若
此遘疾請歸鄉里從之大德十一年二月初五日卒於私第享
年五十八八月二十八日祔葬於先塋禮也夫人乃冠州趙帥
之女子一曰無晦便鞍馬善射獵聰慧果敢輩行少有及者女
二人長適景州統軍之孫鄭昭信次適都省參政之子吳承直
無晦襲侯爵宣授昭信武德校守杭數年矣若侯戰勝之勇攻
取之功守禦之術方古名將韓彭之倫也稟性威而不猛嚴而

不苛好交接樂施予有客至門輒設燕享備及豐腆而後已貧
而依者皆獲全濟故時人謂有遠祖荊州之遺風焉銘曰
大哉全齊壤接魯疆英英而祖挺此中央剛風勁氣人誰可當
許身爲國以靜四方曾未十稔民獲乂康乃父爲人軀幹堂堂
爰自弱冠立志非常竟致佩符金虎煌煌幾獻長策王庭對揚
前後顯達六十星霜侯以宗起起宗益光較其戰多半百有強
繼襲宗秩涉海汪洋來伐交趾一言悟王車書統帥坐鎮餘杭
異政一出匪柔匪剛盜賊屏息姦回遁藏壽夭天庭穹可測量
無何鵩鳥兆應不祥有子襲爵出長萬夫胷蟠智略綽有其餘
將門出將信乎不虛區區他族能如是無嗚呼榮哉
延祐二年歲次乙卯二月日嗣男宣授武略將軍穎州萬戶府

管軍萬戶劉無晦立石

按此碑正書二十九行在縣西南三十里劉公墓上

又按劉通元史有傳其子復亨暨孫淵事俱附於後而縣志則以通與復亨並載忠烈傳中然仲達既爲齊河總管宜入宦蹟而復亨與淵則入人物方爲允協

元至治二年龔氏先塋碑

奉訓大夫國子司業濟南張起巖撰并篆額徵仕郎太常博士華陽楊宗瑞書

龔以邑氏在春秋時晉有大夫芮厥後枝分派別譜系散失其家齊河又不知幾昭穆矣舊塋在所居東北曾祖有子三人其伯二子長青膺璽書賁金符昭信校尉管軍千戶至大間歿卜別兆焉其季有子二人葬仍舊所仲諱佺三子曰信曰元曰慶信四子慶二子元幼喜讀書雅尚節義中統間以功補蘄縣萬戶所知事以親老乞歸養卽杜門不求聞達於時性好儉衣無紋綺器不雕飾力農桑以先子弟治家嚴肅非鄉黨親族燕集未嘗飲酒平居惟以孝弟忠信訓子弟待族屬以禮人無閒言至元乙酉十月二十日卒享年八十一遺言無厚葬子四人克禮克讓克善克明孫男十四人克讓字仲謙至元癸未世廟討東鄙叛王以軍府史從行旣平還守戍衞後五年復從軍捕反者北涉鴉木連雙木連地抵黑龍江而還以功授侍衞都指揮使司提控案牘再遷左都威衞提控案牘入掾左都威衞董興聖宮役落成賜帛幣各九匹楮幣千五百緡他物稱是以能擢

爲其衛知事至滿陞經歷官承事郎子三邦直邦俊邦傑邦直資開敏博覽載籍率能成誦歷延慶使司掾將仕佐郎河間路交河縣尉邦傑習國朝字語從事徽政院銘曰

善有餘慶率由躬積施不見責于後乃獲冀氏之先蘊德自躬何以占之慶衍且豐有緋其衣有金其符武襲文傳先德是孚奕世能賢義方迪後以承以述厥猷益懋鬱鬱新塋土厚而堅元堂永宜于千百年

至治二年三月初五日承事郎左都威衛使司經歷男冀克讓暨將仕佐郎交河縣尉冀邦直立石

按此碑在縣西北二十五里冀家莊縣志以邦直爲德州知州誤也

元後至元二年岳氏宗塋碑

榮祿大夫集賢殿學士翰林學士承旨知制誥兼修國史姚燧撰翰林學士承旨知制誥兼修國史劉賡書丹資善大夫陝西行御史臺中丞張養浩篆額

天定生民古有氏無姓逮軒轅氏作姓始著嘗稽岳姓其來遠蓋自陶唐命掌方岳爲牧長因揭岳以表其宗即禹貢所謂錫土姓也世居相州湯陰縣本支繁衍橋梓桂蘭流蔭數千載其間人才輩出固有不待五百年名世如景星慶雲快人先覩者惟宋安撫公鵬舉聲名忠孝昭如日月列廟食江南英風凜然猶在雖陵谷海田有變遷而名彌不朽者騰青史之芳也今德秀公克紹厥後膺服祖父遺訓熟知安撫公舉自劉韐從高宗

開封河北扈蹕南度畱妻養母姚氏夫人後爲金所陷密遣人十有八返得請歸養値弟壻齊河鄧氏家名傑弗果從行生三子孟名青仲名義季名靜皆隱德弗仕青字仁叔生四子曰安曰寍曰金曰政寍即德秀娶馮氏少博學從仕三爲令尹德政四馳秩贈贑推刑清訟簡宜知武安郡兒童騎竹父老歌棠撫字邦氓襟度寬適春煦海涵雨暘時若而賑惠流足千里擊壤繇是封親贈判官封母贈恭人妻亦封恭人榮矣哉有子五人曰福祿慶壽昌而福在嫡長受蔭餘皆彬彬成材若徂徠松新甫柏挺楝梁奇氣是其積德鍾秀而人莫不以爲燕山竇禹鈞也嗟乎安撫公忠孝所感千百世宜其宗譜昌盛況德秀之生去安撫公僅百年三世今百九十有餘禩矣子請述其事而誌之使公之雲仍春秋祭掃馬鬣之封聿念宗先而興起者將衮衮公侯永保弗替詩不云乎惟其有之是以似之於是敬爲之

銘曰

岳氏先烈忠孝是傳本支百世宦譜綿延衣冠詩禮修德象賢思親追遠昭穆煥然瞻彼佳城永矢弗諼

至元二年歲次丙子春二月吉日亞中大夫東平路總管兼管本路諸軍奧魯勸農事岳寍立石

山左金石志云碑敘岳武穆王之弟諱傑贅于齊河鄧氏因家焉即岳寍之祖也今武穆墓在錢塘子孫世守而不聞其先又有齊河之支是可爲岳氏譜牒之助也

按此碑正書十九行在縣北四里岳氏墓上攷岳寍縣志無

傳據此可補人物之缺

元至正十三年倫鎭廟學記碑 記見藝文

翰林學士張起岩撰文

元丞相戚相公墓碑

齊河志云在縣西南二十五里戚公墓上

明正統十一年捐糧備賑優免雜派差役記碑

知縣玉田孟僎撰文

明嘉靖十年齊河知縣孟僎墓碑

公諱僎字仲賓順天府玉田人由歲貢授山東齊河知縣九年任滿赴京鄉民父老奏留同任又二次九年任滿邑民復奏留知前凡加俸三次又六年以老疾告休卒於官因家焉歷宣德

正統天順凡三十三年配孺人史氏先公歿葬玉田繼娶馬氏合葬

明嘉靖三十一年重修元帝廟記碑

雲中巡撫兼兵部侍郎備吾房守士撰文臨邑庠生季華春書丹

明嘉靖四十二年重修儒學記碑

按察司副使陞湖廣布政司左參政吳袁洪愈撰文

明嘉靖四十二年山西按察副使尹綸墓表

肥城李邦珍撰文濟南殷士儋篆額邑人孟養性書丹

明隆慶六年新改南門記碑

知縣陳天策改建邑人孟養性撰文

明萬歷三年講武堂記碑 記見藝文

河南巡撫副都御史邑人孟養性撰文

明萬歷六年重修城隍廟記碑

都察院右副都御史邑人東洲孟養性撰文

明萬歷二十七年重濬倪倫河記碑 記見藝文

邑人房守士撰文

明萬歷三十二年兵部右侍郎房守士墓誌銘

高陽孫承宗撰文

明鎮守保定總兵官尹公墓誌銘

臨邑邢侗撰文

國朝康熙三十年重修城隍廟記碑

雍正十一年感恩亭記碑 記見藝文

知縣江都李淯仁撰文

濟南知府永康程開泰撰文

雍正十二年重修文廟記碑 記見藝文

知縣上官有儀撰文邑廪生郝肇奎書丹

雍正十二年重修文昌閣記碑 記見藝文

知縣上官有儀撰文

乾隆元年羅城知縣趙升菴墓誌銘

高安朱軾撰文

道光五年重修儒學記碑

知縣山陰汪桂林撰文

齊東

元至元二年萬戶孟德神道碑

張元方撰文孫瑜書丹并篆額

山左金石志云張元方撰文而連及其父進士張翔之名爲碑刻中剏見

按此碑正書文三十五行在城南孟氏墓上

元大德十一年加封孔子制詞記碑

齊東監縣探馬赤縣尹孟遵道主簿張德林縣尉王佐教諭馬克敬郎敏中言曰先皇帝嗣位之三月制加孔子號大成至聖文宣王播告中外今敝邑將勒石廟學庸示永久念歲月不可不謹願有述敢請竊惟大成之義載於孟子發於聖制者備矣茲不敢贅姑特以吏治更切於得失者言之我國家以神武壹海內以人文化天下聲教攸暨罔不咸理而東藩之邑其俗稱美者齊東其一也邑小而民阜貴禮而尙義長老有敦朴儉勤之範子弟有講學絃誦之習俗不旣美矣乎而監縣縣尹諸公謹於約身公於利民如塤篪之相龢耳目之相資也治不旣善矣乎今其聖號之勅盛典之立也以旣善之治而臨旣美之俗固將究聖人之大道宣朝廷之美意推擴之鼓舞之縱與之上好下甚渙然交孚若是齊東之治譬則因陵爲高由堂適奧耳夫不易且趯乎嗚呼廣大混融與天地同流爲法於萬世者吾聖人之道也尊聖人之道示教於天下者天子之政令也行天子之令使其民同歸于理者長民吏之責也嗚呼凡任長民之

貴者可不慎乎哉至大四年冬十二月既望通奉大夫山東東
西道宣慰使劉敏中述并書丹題額
皇慶元年五月日建
按此碑正書上層制詞十九行下層記文二十行在縣學內
元至大四年新學記碑 記見藝文
翰林學士李謙撰文河南江北行中書省參知政事劉敏中書
禮部尚書郭貫篆額
按此碑正書文三十四行在縣學內
元後至元五年重理廟學記碑
李惟彥記
按此碑正書文三十三行在縣學內

元後至元五年聖惠泉記碑 記見藝文
陝西諸道御史中丞張養浩記西蜀四川道肅政廉訪使楊僖
書翰林學士吳興趙孟頫書
山左金石志云案養浩卒於天歷二年孟頫卒於至治二年是
立碑之年諸人皆不在世矣楊僖元史無攷
按此碑八分書文二十四行在縣學內楊僖事詳濟陽
明成化十八年德異泉記碑
尚書林瀚撰文
明嘉靖五年敬一亭箴碑
世宗御製御書
明嘉靖十二年主簿岳倫去思記碑

岳倫字厚夫號雲石萬全都司人順天壬午舉人丙戌進士授行人司行人陞右司副以諫官拂上意而有此謫嘉靖癸巳孟夏邑人王淵記

按主簿岳倫事詳宦蹟

明嘉靖二十六年邑令黃堂去思記碑

邑人成堯卿撰文

明萬歷二十四年重修儒學記碑

知縣陶登重修章邱知縣陽平董復亨撰文

明萬歷二十五年雙貞記碑

知縣南和白鋭撰文

銘曰混沌既剖澌漓淳風千年弁韋幾播芳聲猗歟齊甸天挺雙貞霜筠同節雪松並清深閨秉質是惟心銘

按雙貞爲縣民李代耳之二女俱因家貧弟幼不嫁旌表詳列女

明萬歷四十五年重修天齊廟記碑

知縣平湖劉希夔撰文

明萬歷四十五年重修眞武閣記碑

知縣劉希夔撰文

明萬歷四十五年行香寺記碑

知縣劉希夔撰文

明萬歷四十六年重修聖廟記碑

知縣劉希夔撰文

明萬歷四十六年重修麻姑仙廟記碑
知縣劉希夔撰文
明崇禎十一年邑令題名記碑
知縣汾西閻調鼎撰文
國朝順治六年鼎建奎閣記碑記見藝文
知縣曲周李倩撰文
康熙二十一年重修城隍廟記碑
知縣金谿余爲霖撰文
康熙二十二年遺愛井記碑記見藝文
邑增生楊篤生撰文
康熙二十三年重修天齊廟記碑

知縣余爲霖撰文
康熙二十三年重修天齊廟記碑
知縣余爲霖撰文
康熙二十三年重修大聖寺記碑
知縣余爲霖撰文
乾隆五十八年縣丞翁馨標祀名宦記碑
先祖以康熙三十四年丞齊東至四十七年陞知單縣未之任
卒於廨官斯邑凡十有四年中值歉歲鬻衣物以振民所活無
算卒後紳士請祀名宦祠是時先父年十三邑人賻金八百請
留寓占籍於此先父體公清節却弗受公嘗署知萊蕪再署知
淄川又嘗護理知武定州合昔丞江南崑山前後將二十年面

無儋石之儲寸椽之庇及先父歸里以諸生貢成均家益貧操益介每舉先祖在官時事以勗後人公卒後八十五年孫男方綱來按試濟南攷專祠姓氏冊其名宦祠神位大書曰清廉明翁公嗚呼公之積勤於民至今猶在也泣而志之公諱壡標字孝定順天大興人先父諱大德字希舜號純菴

乾隆五十八年夏六月朔提督山東學政孫男方綱謹記

嘉慶七年重葺龍王祠記碑 記見藝文

知縣嘉善周以勳撰文